Caminos

**NIOBE
O'CONNOR**

**AMANDA
RAINGER**

MGP
INTERNATIONAL

Acknowledgements

The authors would like to thank the following for their assistance in preparing this book: Pilar Polo Gundín, Scott Davenport, Jackie Milton, Jan Rowe, Mary James, the O'Connor family, the Rainger-Dingle family and Graham Pegg.

Photographs Ron Wallace (pages 2: top left, 13, 31, 59, 69: middle, 77: 1, 2 and 4, 94, 110: 3, 4 and 5, 116: top right, bottom right, 119, 135, 139) Ron Beighton (page 30) Bravo Magazine (pages 33, 34) The Citizen, Gloucester (page 38) Spanish National Tourist Office (pages 45, 48, 57, 91: train) Niobe O'Connor (pages 52, 61, 69: left and right, 75, 77: 3, 80, 110: 2, 116: mid left Elizabeth Murphy (pages 68, 89) FEVE (page 91, all except train) Patronat Municipal de Turisme de Tarragona (pages 105, 109) Renfe (page 110: 1).

The authors and publishers acknowledge the use of the following copyright material:
Bravo magazine, Madrid (pages 33, 34); Hobby Press, Madrid (page 42); Red de Librerías San Pablo, Madrid (page 47); Renfe (page 98); Patronat Municipal de Turisme de Tarragona (pages 102, 105, 109); Zoo Aquarium de la Casa de Campo, Madrid (page 128); Tele Indirecta, Barcelona (pages 142, 143, 150); DR, Mexico City (page 149).

Songs *Lyrics*: Niobe O'Connor and Amanda Rainger. *Music*: John Connor. Performed by John Connor and Peter O'Connor. Recorded at Gun Turret Studios, Bromsgrove.

Recordings Footstep Productions Ltd, recorded at The Soundhouse Ltd, Goldhawk Industrial Estate, Breckenbury Road, London W6 OBA, with professional Spanish actors. *Technician*: Paul Deeley. *Producer:* Colette Thomson. *Voices*: María Huesca, Carlos Pando, Ursula Lea, Laura Guerra, Alvaro Calero, Hector Andrés, Siddharda Lizcano.

Illustrations Jean de Lemos and Linda Jeffrey

Designer Ann Samuel

Editor Sally Wood

First published in 1998 by Mary Glasgow Publications
An imprint of Stanley Thornes (Publishers) Ltd
Ellenborough House
Wellington Street
Cheltenham GL50 1YW
England
98 99 00 01 02 / 10 9 8 7 6 5 4 3 2 1
A catalogue record for this book is available from the British Library.

ISBN 0 7487 3147 4

Printed and bound in Italy by STIGE, Turin

Indice de materias

¡Bienvenidos a todos!

Caminos 2

This quick guide will help you to find your way around Caminos 2.

◆ These are activities for everyone to try.

♣ These are more challenging: try some or all of them.

Listening

Speaking

Reading

Writing

You might like to use the computer for this activity.

D A dictionary will be useful for this activity.

▶▶ This takes you to the grammar section which is in English.

◀◀ This reminds you of things you have learned before.

1.2 This refers to a worksheet.

♪♪ This shows that there is a song to sing.

REPASO▷ This gives you an opportunity to revise words from *Caminos 1*.

Ejemplo The example shows how to set out your answer.

This highlights a grammar point.

This box highlights the words you need to learn.

¿Qué tiempo hace?	Normalmente...
hace buen tiempo	hay tormentas
hace mal tiempo	hay nieve
hace (mucho) calor	hay niebla
hace (mucho) frío	llueve
hace (mucho) sol	
hace (mucho) viento	

This box highlights a pattern which you might find helpful.

sing.	*plur.*
-a, -e, -i, -o, -u	+ **s**
consonante (e.g. -l, -n)	+ **es**

This box has tips on using the dictionary, pronunciation and learning.

Diccionario: *m, f*

cave *n* cueva *f*
garden *n* jardín *m*

¡Buena suerte a todos!

Mi región

1

1A OBJETIVO
¿Cómo es tu región?

¡Bienvenidos!
Me llamo Maite.
¿Cómo es México?

Hay mucha cultura y mucho turismo.

Hay mucho desempleo y mucha miseria.

Hay mucho tráfico, mucha contaminación y mucha industria.

Hay mucho comercio y mucho dinero.

Tijuana

Los Mochis

La Paz

Culiacán

Durango

Monterrey

Guadalajara

México

Cancún

Mérida

Oaxaca

1 El país de México

Escucha y lee.

◆ Escucha otra vez. ¿Dónde viven las personas **1–6**? *Ejemplo* **1** en la capital

en el campo

en la montaña/sierra

en la capital

en la costa

♣ ¿Cómo es? Añade otros detalles. *Ejemplo* **1** en la capital, hay mucho turismo.

2 Mi región

♦ ¿Positivo o negativo?

¿Qué opinas? Trabaja con tu pareja.

A

Hay mucha contaminación.

B

Negativo.

♣ Habla con tu pareja de tu región.

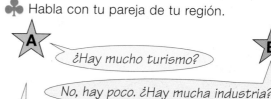

A

¿Hay mucho turismo?

B

No, hay poco. ¿Hay mucha industria?

Sí, bastante.

poco/a   bastante   mucho/a

3 Con tu pareja

1.2

¿Cómo es la región?

4 Las dos caras de la República

♦ Lee el artículo. ¿Dónde viven? ¿Son positivos 😊 , negativos 😦 o los dos 😊 + 😦 ?

Ejemplo Eduardo – el campo

♣ Hay mucha emigración a la capital. Lee y rellena el cuadro.

	capital	campo, montaña
lo positivo	mucha cultura	
lo negativo		

Me llamo Eduardo. Vivo en la región de Nueva León, en el campo cerca de la ciudad de Monterrey. Es una región de mucha agricultura, mucho verde, y mucho turismo con excursiones al Parque Nacional.

Soy Amaya y vivo en la capital. Es una ciudad fascinante. Hay mucho comercio (bancos, tiendas), mucha cultura (museos, galerías de arte) y mucha diversión. Pero el tráfico es horroroso: hay mucha contaminación y los coches usan mucha gasolina.

Me llamo Jaime y vivo en la capital. Hay mucho comercio, mucha cultura, y mucha diversión: cines, teatros, un parque maravilloso con mucho verde...

Me llamo Reme, y vivo en la capital, con mi madre y mis hermanos. Hay mucha miseria: hay poco empleo y muy poco dinero. También hay industria y mucha contaminación. El aire es tóxico: ¡pasar 24 horas en la capital, es como fumar 40 cigarrillos!

Me llamo Taxa. Soy de la región de Oaxaca, y soy indio Zapotec. La montaña aquí es magnífica: hay mucho verde y mucha tranquilidad. Hay mucha cultura en esta región: la cultura india es muy antigua, con ruinas magníficas en Monte Albán. En mi pueblo, hay mucha artesanía.

Soy Marifé y vivo en el campo en la región de Durango. En los pueblos hay mucho desempleo, y mucha miseria. Hay mucha agricultura - pero hay poco dinero. Quiero ir a la capital.

5 El norte

1.3

◆ Escucha a los jóvenes.
¿Cómo es vivir en…

…Tijuana?   …Los Mochis?

…Culiacán?   …La Paz?

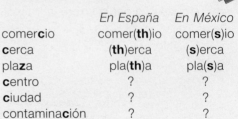

Pronunciación: c / z		
	En España	*En México*
comer**c**io	(**th**)io	comer(**s**)io
cerca	(**th**)erca	(**s**)erca
pla**z**a	pla(**th**)a	pla(**s**)a
centro	?	?
ciudad	?	?
contamina**c**ión	?	?

6 El Yucatán

◆ Lee la carta de Julio y sustituye a los dibujos
por palabras españolas.

¡Hola! Me llamo Julio y vivo en el sureste, en la región del Yucatán. La capital se llama Mérida. Hay mucho , y en el mercado enorme hay : Mérida es muy célebre por sus hamacas también. Hay mucha en el centro con música y baile en la calle y en los bares mariachi. Hay mucho y en la capital. El es muy bonito y al sur en la hay monumentos arqueológicos de los indios Maya en Uxmal. En la está el puerto de Progreso: allí, hay mucha pero la playa no está mal. Me gusta vivir en la región — hay mucho que hacer y ver.

7 Vivo en…

◆ • Describe tu región y dibuja
un mapa, si quieres.

Vivo en la región de Cornwall, en el suroeste de Inglaterra. En la costa, hay mucho turismo…

• Habla a tu clase de tu región o de
una región de España que conoces.

¡Hola! Me llamo Sam. Quiero hablar de la región cerca de la Costa Blanca, en España. En la costa hay mucho turismo …

¿Dónde vives?		Vivo en la región de…	¿Cómo es tu región?	
en el campo	(no) hay	(mucho) dinero	(mucha)	agricultura
en la capital		(poco) comercio	(poca)	artesanía
en la costa		desempleo		contaminación
en la montaña		turismo		cultura
en la sierra		verde		diversión
				industria
				miseria

8 Un lugar de contrastes

a Lee el artículo sobre la capital.

b Haz una lista de las palabras parecidas al inglés. *Ejemplo* **comercial** > *commercial.*
Utiliza la sección de vocabulario. *Ejemplo* **sede** (*f*) *headquarters, seat.*

México es una ciudad comercial con tiendas, grandes almacenes y negocios internacionales. Una capital financiera también, es la sede de Banamex (el Banco Nacional de México) y de otros bancos multinacionales. La sede del Gobierno, es un centro político, industrial y económico donde está basado el 50% de la industria del país.

La capital no es solamente un centro administrativo - también tiene una cara artística y turística. México cuenta con todo: arquitectura ultramoderna y tradicional, galerías de Arte Moderno, y el impresionante Museo de Antropología. Tiene una rica vida cultural: aquí en la capital están las oficinas centrales del cine, del teatro, de la prensa, y de las casas editoriales.

Pero la capital tiene unos problemas horrendos. Está situada a una altura de 2240 metros, el aire no es limpio. El humo contaminado de los coches causa bronquitis, asma y 700,000 fallecimientos al año. La ciudad está muy masificada: cuenta con 27 millones de habitantes. Para el 33% de la población de la capital, no hay trabajo - un desastre económico. La gente pobre vive en las afueras, en las famosas 'ciudades perdidas': 500 chabolas sin electricidad, agua o sanidad.

¿Y el futuro? Se calcula que en el año 2000, habrá más de 32 millones ciudadanos en la capital. Pero México es una capital animada que vive, y que sobrevive. ¿Quién sabe …?■

9 Vivir en México

a Elije el número correcto para cada frase.

1 La capital tiene unos _____ millones de habitantes.

2 El _____ % de la industria del país está basado en la capital.

3 El aire contaminado es responsable de _____ fallecimientos al año.

4 Hay mucho desempleo: para el _____% de la población, no hay trabajo.

5 Mucha gente vive en la miseria, en las _____ chabolas de las afueras.

| 50 |
| 500 |
| 33 |
| 27 |
| 700,000 |

REPASO **b** Escribe en parejas opuestas. *Ejemplo* sucio/limpio.
sucio, aburrido, antiguo, divertido, bonito, moderno, limpio, tranquilo, ruidoso, feo.

c ¿Verdad o mentira? *Ejemplo* **1** Verdad.

1 México es una ciudad administrativa.

2 La capital está contaminada.

3 El aire es limpio.

4 La ciudad tiene una vida artística y cultural.

5 El centro no está masificado.

6 La capital es un lugar turístico.

10 En la capital

Describe la capital de tu región, o de tu país: adapta el vocabulario de abajo.

el centro	**la** capital
es (un lugar) turístic**o**, industrial	es (una ciudad) económic**a**, comercial
está masificad**o**, contaminad**o**	está masificad**a**, contaminad**a**
tiene una cara / una vida artística, cultural	

▶▶ Gramática 7

1B OBJETIVO
¿Qué tiempo hace?

1 Maite y Tomás

Escucha y lee la conversación entre Maite y Tomás.

1. Hace sol …
2. Hace calor …
3. ¡Hola, Maite! ¡Hace buen tiempo!

4. Sí. Pero en Gran Bretaña, hace mal tiempo, ¿no?
5. Hace frío…
6. Hace viento…
7. Hay tormentas…

8. Hay niebla…
9. Hay nieve …
10. … y llueve mucho.

¡No es verdad!

2 En Gran Bretaña

Escucha a Tomás. ¿Qué tiempo hace en Gran Bretaña en diciembre y julio?
Escribe los números de los dibujos 1-10 (actividad 1). *Ejemplo* diciembre **4** + ? + ?

3 Te toca a ti

Túrnate con tu pareja. Elige una actividad.

a **A** inventa una acción. **B** adivina.

¡Hay niebla!

b ¿**Hace** o **hay**?

¡Niebla!

¡Hay niebla!

4 El pronóstico

Escucha. ¿Qué tiempo hace en Tijuana, Guadalajara, Mérida y México?

◆ Escribe tres de los números *1-10* (de la actividad 1).   *Ejemplo* Tijuana **3** + ? + ?

♣ Contesta (✔) o (✘).   *Ejemplo* **1** ✘

1 En Tijuana, hace mal tiempo.
2 No llueve mucho normalmente en Tijuana.
3 Hace buen tiempo en Guadalajara.
4 En la sierra hay nieve.

5 Hace frío en Mérida.
6 Mérida tiene un clima tropical.
7 Es normal la niebla en México.
8 Hace calor en la capital.

5 Con tu pareja

¿Qué tiempo hace?

6 De día y de noche

Mira el cuadro y túrnate con tu pareja: **A** pregunta, **B** contesta.

¿Qué tiempo hace de día en La Paz?

Hace calor y hace viento.

Febrero en México

	de día		de noche
Acapulco	32 °C	S	24 °C
Guadalajara	30 °C	S	13 °C
La Paz	26 °C	V	12 °C
México	27 °C	NB	9 °C
Oaxaca	33 °C	LI	13 °C
Veracruz	26 °C	LI, T	21 °C

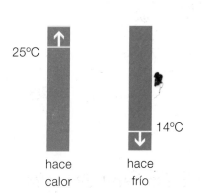

25°C

hace calor

14°C

hace frío

Ll = Llueve   NB = Niebla   S = Sol
T = Tormentas   V = Viento

7 España

◆ **a** Mira el mapa de España y lee las frases **1–6**. ¿Qué ciudad es? *Ejemplo* **1** - Málaga.

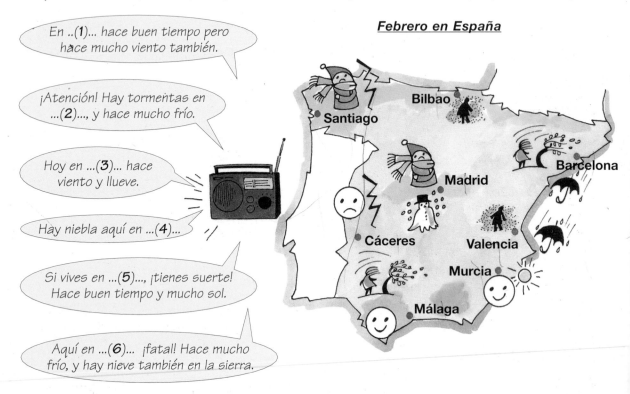

Febrero en España

> En ..(**1**)... hace buen tiempo pero hace mucho viento también.

> ¡Atención! Hay tormentas en ...(**2**)..., y hace mucho frío.

> Hoy en ...(**3**)... hace viento y llueve.

> Hay niebla aquí en ...(**4**)...

> Si vives en ...(**5**)..., ¡tienes suerte! Hace buen tiempo y mucho sol.

> Aquí en ...(**6**)... ¡fatal! Hace mucho frío, y hay nieve también en la sierra.

b ¿Qué tiempo hace en las otras dos ciudades? Escribe dos frases.

8 [REPASO] Estaciones

◆ Copia y completa las estaciones del año: ¡tienes cinco minutos!

a en p ...
b en v...
c en o...
d en i...

nvi	ño
er	rima
vera	to
erno	ano

> En España, llueve a cántaros

> ¡¿Pero en Gran Bretaña...?!

9 En mi país

◆ ¿Qué tiempo hace en tu región? Descríbelo.

> En mi región en primavera, hace mal tiempo normalmente. Hace frío y llueve...

¿Qué tiempo hace?	Normalmente...
hace buen tiempo	hay tormentas
hace mal tiempo	hay nieve
hace (mucho) calor	hay niebla
hace (mucho) frío	llueve
hace (mucho) sol	
hace (mucho) viento	

10 El clima español

♣ Lee *El clima español*: utiliza la sección de vocabulario. Haz actividades **a** y **b**.

El clima español

¿Cómo es el clima de España? La imagen popular es de buen tiempo, calor y sol de enero a diciembre. ¡Pero no es verdad! España tiene tres climas, en realidad.

Zona 1
El tiempo en la costa norte y el interior se parece mucho al sur de Inglaterra. En invierno y en verano, **hay lluvia** – por eso se llama la *España Verde*. En invierno, hace frío y en la costa **hay chubascos**, con mucho viento. En verano, hace más calor pero de vez en cuando **está nublado** y **hay llovizna**.

Zona 2
Es una zona de mucha montaña. En el centro está *la Meseta* – una zona 600-1000 metros de altura sobre el nivel del mar. Aquí, el clima se llama continental: **hace malo** en invierno con mucho frío, **nieva** y **hay hielo**. En verano, es lo contrario - hace mucho calor, y sol. Un refrán popular dice: 'Nueve meses de invierno y tres meses de infierno'.

Zona 3
El clima aquí se llama *mediterráneo*, porque incluye la costa del este y del sur. En invierno, normalmente **hace bueno**. Por la mañana **hace fresco** y de vez en cuando **hay neblina**. Llueve poco. En la montaña, nieva mucho – es una región popular para hacer esquí. En verano, hace muy buen tiempo: **está despejado** y hace calor y sol. En el interior la temperatura llega hasta 40ºC o más: la ciudad de *Ecija* se llama 'la sartén de España'.

a Lee las frases **1–6**. ¿Qué zona es (1, 2 ó 3)? *Ejemplo* **1** zona 3.

1 Normalmente hace buen tiempo en invierno.
2 En invierno hace mucho frío: en verano, mucho calor.
3 Hace sol y calor en verano: perfecto para la playa.
4 A veces, hace malo en verano.
5 Hay nieve por toda la región.
6 Llueve en invierno y verano.

b Lee las definiciones **1–10** y busca las expresiones correspondientes en el artículo.
Ejemplo **1** hay hielo.

1 Cuando el agua se hace sólida por el frío.
2 Hace buen tiempo.
3 Llueve.
4 Hay nubes en el cielo.
5 Llueve, pero no mucho.
6 Hay nieve.
7 Una niebla que no es muy densa.
8 Hace mal tiempo.
9 Llueve mucho y hace mucho viento.
10 Hace mucho sol y no hay nubes.

11 Mi región

♣ Describe el clima de tu región, país, o de Gran Bretaña: utiliza el artículo como modelo.

hace bueno / malo / fresco	nieva (mucho / poco)
hay chubascos / hielo / llovizna / lluvia / neblina	está nublado / despejado

1C OBJETIVO
¿Qué hay de interés?

Maite y su hermano, Joaquín, hablan de México con Isabel y Tomás.

¿Qué hay de interés en México, Maite?

¡Mucho! Para divertirse, hay el parque de atracciones ...

... o la corrida de toros.

No me interesa la corrida, Joaquín. Es cruel.

¿Y para visitar?

Depende, Isabel. ¿Te interesan los monumentos históricos?

No mucho.

Hay el Museo de Historia, o la catedral.

Mm... sí.

Para comprar, hay el mercado y los grandes almacenes.

¡Perfecto! Quiero comprar algo para la boda.

¿Quieres el catálogo?

1 La ciudad de México

◆ Termina las tres frases.   *Ejemplo* **1b** + ?

1 Para comprar, hay ...
2 Para divertirse, hay ...
3 Para visitar, hay ...

a	la catedral	**d**	la corrida de toros
b	los grandes almacenes	**e**	los monumentos históricos
c	el parque de atracciones	**f**	el mercado

♣ Haz ◆. ¿Quién es: Tomás o Maite?
1 No le interesa la corrida.
2 Le gusta comprar.
3 No quiere comprar nada para la boda.
4 No le interesan los monumentos históricos.

2 Más lugares

Utiliza tu diccionario y escribe los lugares en tres listas:

Para divertirse, hay ...   *Para comprar, hay ...*   *Para visitar, hay ...*

las discotecas

Lugares de interés

I el Ayuntamiento	(El Zócalo)
2 las discotecas	(Plaza Garib
3 las exposiciones	(Museo Rau
4 los conciertos de música	(Auditorio
5 el Museo de Antropología	(Bosque de
6 la zona comercial	(La Merce
7 el zoológico	(Nuevo B
8 el mercado	(Coyoac
9 las boutiques	(la Zona
10 las ruinas Aztecas	(Tlatelo
11 la Torre Latino-Americana	(Calle
12 los jardines botánicos	(Xoch
13 el estadio de fútbol	(Azt
14 el castillo	(B

Táctica: Plurales -s, -es

En el diccionario, busca el singular. Quita la -s o -es

Ejemplo
concierto**s** de música > concierto
concierto *nm (Mus)* concert

Ejemplo jardin**es** > jardín
jardín *nm* garden

3 ¿Te interesa ...?

Escucha a Maite y Tomás.

◆ ¿De qué lugares hablan? Apunta los números (actividad 2).   *Ejemplo* 8 ...

♣ ¿Le interesan a Tomás o no? Escribe ✔ o ✘.   *Ejemplo* 8 ✔

4 ¿Qué opinas?

¿Te interesa(n) o no? Pregunta a tu pareja y contesta con tu opinión personal.

A

¿Te interesa el Ayuntamiento?

B

¡No, no me interesa mucho!
¿Te interesan los grandes almacenes?

¡Sí, me interesan mucho!

me / te interesa el... la ...	me / te interesa**n** los ... las ...

5 Lugares de interés en tu región

◆ ¿Qué hay en tu región? Haz una lista.
Utiliza un diccionario o pregunta a tu profe.

> **Diccionario**: *m, f*
>
> **cave** *n* cueva *f*
> **garden** *n* jardín *m*

Para visitar, hay los jardines de Chatsworth
y las cuevas de Castleton ...

the

	sing.	plur.		
m	**el**	**los**	**el** museo, **el** jardín	**los** museos, **los** jardines
f	**la**	**las**	**la** cueva, **la** exposición	**las** cuevas, **las** exposiciones

6 ¿Y Andalucía?

◆ A Maite le interesa visitar España: pregunta a Tomás sobre la región de Andalucía.
Empareja correctamente las preguntas **1–6** y las respuestas **a–f**. *Ejemplo* **1 f**.

1 ¿Cómo es la región?

2 ¿Qué tiempo hace?

3 ¿Qué hay de interés para visitar?

4 ¿Qué hay para divertirse?

5 ¿Y para comprar?

6 ¿Te gusta vivir allí?

a Hay los monumentos históricos de Sevilla, y el Parque Nacional de Doñana en la costa.

b En la capital hay discotecas, pubs, cines ... pero en el campo, no hay mucha diversión.

c En verano, hace mucho sol y calor. En invierno, no hace mucho frío y llueve.

d Hay de todo: grandes almacenes, tiendas de artesanía, mercados ...

e Sí, me gusta: es bonita. Pero no me gusta vivir en la ciudad. Prefiero la montaña o la playa.

f Es una región de contrastes. En la capital hay mucho dinero, y en el campo hay mucha miseria.

7 Te toca a ti

◆ Adapta las preguntas y respuestas (actividad 6) para describir tu región.
Practica con tu pareja.

¿Qué hay de interés en ...?		
Para comprar, hay ...	*Para divertirse, hay ...*	*Para visitar, hay ...*
el mercado	el parque de atracciones	el museo (de tecnología)
la zona comercial	la corrida de toros	la catedral
los grandes almacenes	los pubs	los monumentos históricos
las boutiques	las discotecas	las exposiciones
(no) me interesa el ... la ...		(no) me interesan los ... las ...

¿Le gusta mirar escaparates? **El centro comercial** ofrece una gama de tiendas bonitas y turísticas, ideales para regalos y recuerdos.

Desde *la Alameda*, **el paisaje hermoso** ofrece vistas magníficas de las montañas y de la costa.

Si le interesa la historia, **el casco antiguo** cuenta con *el Museo Provincial* y *las Ruinas de Santo Domingo*. De noche, las calles de Figueroa y Pasantería ofrecen una gama enorme de bares pequeños, sirviendo las especialidades de la región.

El barrio nuevo ofrece una variedad de diversiones culturales: cines, teatro y conciertos musicales. Detalles en *la Oficina de Turismo*.

A unos diez kilómetros **el puerto pesquero** de *Combarro* cuenta con actividades recreativas y marítimas: allí, se puede ir de pesca, explorar la costa en barco, o simplemente mirar el ir y venir de los pequeños barcos pesqueros.

8 Pontevedra

♣ Lee los detalles. Empareja las vistas **1–5** con los títulos.   *Ejemplo* **1** el barrio nuevo.

9 Radio Rías Altas

1.8

♣ Escucha la entrevista con Esperanza, y apunta sus respuestas a las preguntas **1–6**.

1 ¿Cómo es tu región?
2 ¿Qué tiempo hace?
3 ¿Qué hay de interés turístico?

4 ¿Hay mucho para divertirse?
5 ¿Qué es lo positivo?
6 ¿Hay algo negativo?

10 Con tu pareja

♣ Prepara una entrevista: habla de tu región. Utiliza las preguntas de la actividad 9.

el centro	comercial	(de...)	ofrece	una variedad de	tiendas (bonitas)
el paisaje	hermoso		cuenta con	una concentración de	vistas (magníficas)
el casco	antiguo			una gama de	ruinas (históricas)
el barrio	nuevo				diversiones (culturales)
el puerto	pesquero				actividades (recreativas)

Acción: lengua

How to ... • use plural endings

¿Preparados?

Pon las frases **1–9** en dos columnas.

De interés en Madrid, hay ...

	singular	plural
Ejemplo		**1**

1 los conciertos
2 el Parque del Buen Retiro
3 la Plaza de Cibeles

4 las tiendas
5 los grandes almacenes
6 el Palacio Real

7 la Biblioteca Nacional
8 el Museo del Prado
9 el mercado 'El Rastro'

¿Listos?

sing.	plur.	
-a, -e, -i, -o, -u	**+ s**	el museo > los museo**s**, la torre > las torre**s**
consonante (e.g. -l, -n)	**+ es**	el hotel > los hotel**es**, el jardín> los jardin**es** *

▶▶ Gramática 4

*¡Atención a los acentos! No hay en el plural al final: **ín** > **in**es

¡Ya!

◆ Elige la palabra correcta.   *Ejemplo* **1** *la*.

1 Para visitar en Madrid, hay (*la, las*) zona comercial cerca de la Plaza del Sol.
2 Hay que visitar (*el, los*) Jardines Botánicos cerca de la estación de Atocha.
3 Para tomar tapas, hay que visitar (*el, los*) bares en la Plaza Santa Ana.
4 Para divertirse, hay (*la, las*) ferias en el Retiro, un parque muy bonito.
5 (*La, las*) cafetería Gijón es muy famosa por su ambiente intelectual.
6 Hay también (*el, los*) Centro de Arte Reina Sofía.

♣ Escribe en el plural.

Ejemplo **1** Barcelona ofrece al visitante una gama enorme de *museos*.

1 Barcelona ofrece al visitante una gama enorme de (*museo*).
2 En el barrio Gótico, hay (*hostal*) muy baratos.
3 También tiene muchas (*exposición*) de arte moderno.
4 Hay también tres (*albergue*) juveniles – ideales para los estudiantes.
5 Si te interesa la historia, el barrio antiguo cuenta con una variedad de (*iglesia*) bonitas.
6 Barcelona tiene dos (*mercado*) famosos: el mercado de flores y el mercado de pájaros.

La ropa

Objetivo A ¿Qué llevas?
Objetivo B ¿Qué desea?
Objetivo C ¿Qué te parece?

2

Azul
para ti

La prenda rey de la temporada: un vaquero ajustado con divertidas roturas, combinado con un top blanco, una camisa vaquera sin mangas y un chaleco. Para él: pantalón y camisa vaqueros, y un chaleco de piel imitación de oveja.

2A

OBJETIVO

¿Qué llevas?

Maite y Tomás miran el catálogo de ropa.

12 un jersey
morado/negro

1 una camisa
amarillo

13 unos vaqueros
azul/gris

11 una camiseta
azul claro

2 una corbata
verde

10 una falda
malva/rosa

9 unas medias
naranja/lila

3 un pantalón
gris/verde

8 unas zapatillas
de deporte
azul claro

4 unos calcetines
lila/rosa

7 un plumífero
naranja/rojo

5 unos zapatos
verde oscuro

6 una chaqueta
verde/azul marino

1 ¿Qué hay en el catálogo?

a Escucha y lee.

b Escucha a Maite y Tomás. Escribe el número del dibujo (*1–13*).

Ejemplo **12**, **8**...

2 Juego

Trabaja en grupos de tres. **A** dice el número, **B** y **C** dicen la ropa.

A

número once

B

¡una camisa!

C

¡una camiseta!

Respuesta correcta - un punto
¿Quién gana – **B** o **C**?

Tomás y Maite no saben qué ropa llevar para la boda.

¿Llevas uniforme, Maite?

¿Al instituto? No.

¿Qué llevas el fin de semana, para la boda?

Llevo una falda y una chaqueta, ¿y tú?

No sé. En las vacaciones, me gusta llevar vaqueros.

Quiero una camiseta con MÉXICO.

¿Una camiseta para la boda? ¡Ni hablar!

3 ¿Quién habla?

◆ ¿Quién habla, Tomás o Maite?

Ejemplo **1** Maite

1 Llevo una falda.
2 No llevo uniforme.
3 Me gusta llevar vaqueros.
4 Llevo una chaqueta para la boda.
5 Quiero una camiseta.

♣ ¿Verdad o mentira para ti? Escribe ✔ o ✘.

1 En las vacaciones, llevo vaqueros y un jersey.
2 El fin de semana, me gusta llevar una corbata.
3 No me gusta llevar uniforme al instituto.
4 El fin de semana, no llevo uniforme.
5 En las vacaciones, llevo la ropa que me gusta.

4 ¿Qué ropa?

◆ Mira la actividad 1.
Escucha a Maite y Tomás.
Escribe los números.

Ejemplo

	Maite	Tomás
Le gusta	11,	
No le gusta		

♣ Haz ◆ y escucha otra vez.
¿Cuándo llevan la ropa?   *Ejemplo* A Maite le gusta 11**a**…

a El fin de semana   **b** En las vacaciones   **c** Al instituto

5 Te toca a ti

◆ Trabaja con tu pareja. Habla de la ropa que llevas o que te gusta llevar…al instituto, el fin de semana, en las vacaciones.

A

¿Qué llevas al instituto?

Llevo una camisa y una falda.
¿Qué te gusta llevar el fin de semana?

B

Me gusta llevar camiseta y vaqueros.

6 ¿Qué otra ropa te gusta llevar?

D

◆ Utiliza el diccionario.

El fin de semana, me gusta llevar un chandal.

Me gusta llevar
unas botas….

a	some	
un	**unos**	**un** chandal, **unos** pantalones cortos
una	**unas**	**una** gorra, **unas** botas

▶▶   Gramática 2

7 Mi ropa preferida

◆ Describe la ropa que te gusta llevar.
Utiliza la ropa de la actividad 6 también.

Ejemplo El fin de semana me gusta llevar un jersey, unos vaqueros y unas botas.

¿Qué llevas/¿Qué te gusta llevar… el fin de semana, en las vacaciones, al instituto?			
Llevo…..me gusta llevar			
un jersey un pantalón un plumífero	una camisa una camiseta una chaqueta una corbata una falda	unos vaqueros unos zapatos unos calcetines	unas zapatillas de deporte unas medias

8 Una encuesta

2.3

Haz una encuesta en clase. Entrevista a seis personas.

9 Ropa de moda

♣ A Isabel le gusta mucho llevar ropa de moda. Pero, ¿qué prenda es?
Utiliza la sección de vocabulario.

Ejemplo **1** - **e**

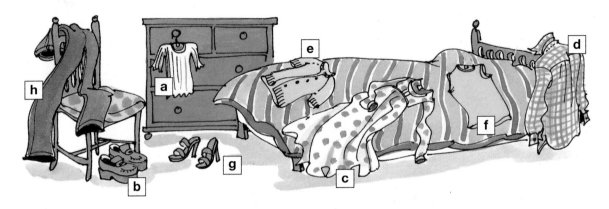

1	una rebeca **de manga corta**	*5*	un pantalón **acampanado**
2	un vestido **de manga larga**	*6*	una camisa **holgada**
3	una camiseta **sin mangas**	*7*	unas sandalias **de tacón alto**
4	un jersey **ajustado**	*8*	unos zapatos **de tacón ancho**

10 La ropa que prefiero

♣ En la revista de Isabel, Laura López, modista, habla de la ropa que prefiere.
Rellena los huecos.

En verano, me gusta llevar un _____(1)_____ ajustado, unas sandalias de _____(2)_____ alto y una _____(3)_____ corta.

En invierno, cuando voy al estadio de fútbol llevo un jersey de manga _____(4)_____, unos leggings, unas botas y una chaqueta _____(5)_____

El fin de semana, si voy al cine o a la discoteca llevo algo elegante – un vestido largo sin _____(6)_____ Me encanta la ropa de los años setenta, por ejemplo, los pantalones _____(7)_____, los jerseys muy _____(8)_____, y los zapatos de tacón _____(9)_____ .

tacón
camiseta
ajustados
ancho
mangas
larga
pantalón
holgada
acampanados

11 Mi ropa

♣ Prepara una página de un catálogo de moda. Describe la ropa.

2B

OBJETIVO
¿Qué desea?

1 En el escaparate

¿Qué colores hay en el escaparate? Identifica la ropa.

Ejemplo **1** Un jersey rojo.

1 Un _____ rojo

2 Un _____ naranja

3 Una _____ gris

4 Una _____ verde

5 Unas _____ amarillas

6 Unos _____ azules

7 Una _____ blanca

8 Unas _____ lila

9 Un _____ negro

10 Unos _____ marrones

11 Una _____ morada

12 Unos _____ rosa y malva

13 Una _____ azul

2 REPASO Colores

m	f
rojo	?
verde	?
azul	?

m	f
gris	?
marrón	?

m	f
lila	?
rosa	?

▶▶ Gramática 7

3 Juego de memoria

Trabaja con tu pareja. Hay que cerrar los libros.

 A

En el escaparate hay un pantalón negro...

En el escaparate hay un pantalón negro y una falda morada...

 B

4 La canción de la ropa

2.6

Canta la canción.

En la tienda de moda

Teresa quiere comprar ropa para la boda, pero Tomás no está de acuerdo.

5 En la tienda de moda

◆ Escucha. Lee las frases *1–8*: ¿verdad o mentira?

Ejemplo **1** mentira.

1 Teresa busca una camiseta.
2 Tomás no quiere una corbata.
3 Teresa opina que el rojo es demasiado oscuro.
4 Tomás prefiere la corbata roja.

5 No hay corbatas en azul marino.
6 El azul marino es un poco vivo.
7 La corbata cuesta veinte pesos.
8 Tomás está muy contento.

♣ Corrige las frases falsas.

6 ¿Cuánto es?

◆ Escucha. Empareja los precios y la ropa.

1	El jersey	**a**	500
2	Las zapatillas de deporte	**b**	3000
3	Las sandalias	**c**	27
4	La chaqueta	**d**	35
5	La gorra	**e**	600
6	El chandal	**f**	1200
7	La camiseta	**g**	2500
8	La camisa	**h**	15

Ejemplo **1 d** (pesos).

¿Cómo se paga?

En España se paga en **pesetas.**
En México se paga en **pesos**.

♣ ¿Pesos o pesetas? Escucha y apunta otra vez.

7 ¿Quién soy?

a Empareja cada joven con el globo correcto.

> Hoy llevo una camisa blanca, una chaqueta rosa y blanca, unos vaqueros azules y unos zapatos grises.
> **2**

> Llevo un jersey rojo y blanco, una falda negra y unas medias negras. Me gusta el rojo pero no me gusta el verde.
> **1**

Ana

Beatriz

Dolores

Carlos

> Me gusta mucho el negro. Llevo un plumífero negro, un pantalón negro, unos calcetines negros y unos zapatos negros.¡Pero llevo un jersey rojo!
> **3**

> Hoy llevo un jersey negro, una camisa rosa y naranja y unas botas negras. Me gusta el azul. Llevo unos vaqueros azules y tengo también una chaqueta azul.
> **4**

b ¿Y tú? ¿Qué colores te gustan y no te gustan llevar? Prepara una lista.

Ejemplo

Me gusta
el rojo
el azul

No me gusta
el gris

8 En la tienda de ropa

2.7

Túrnate con tu pareja. Utiliza la historia 'En la tienda de moda', página 21, como modelo.
A es dependiente. **B** es cliente.

A ¿Qué desea?

B Busco una camiseta.

¿Qué desea?	Quiero/busco.....
¿De qué color?	¿Hay en (azul)?
Sí, aquí tiene/ No, no hay.	El color es un poco/demasiado claro/oscuro/vivo
Son ..... pesetas.	¿Cuánto es?

9 En la tienda de sorpresa

♣ En la tienda de sorpresa, hay muchas prendas diferentes. Pero, está muy oscuro. ¿Qué prendas son?

a Empareja las etiquetas y las prendas. Utiliza la Táctica. ¡No utilices el diccionario!

Ejemplo **1c**

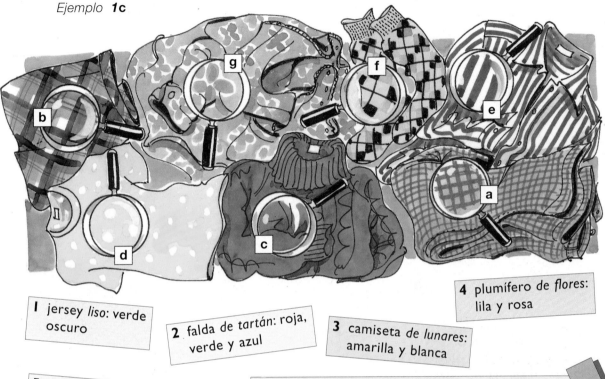

1 jersey *liso*: verde oscuro

2 falda *de tartán*: roja, verde y azul

3 camiseta *de lunares*: amarilla y blanca

4 plumífero *de flores*: lila y rosa

5 pantalón *de cuadros*: azul claro y azul oscuro

6 camisa *de rayas*: blanca y azul marino

7 calcetines *estampados*: amarillos, negros y naranja

Táctica: diccionario - ¿sí o no?

¡No es siempre necesario utilizar el diccionario!

Busca las palabras que conoces.
Ejemplo **Una camisa** de rayas, **blanca** y **azul** marino.

Mira bien los dibujos y adivina el resto:
Ejemplo **de rayas** = striped
marino = navy

---

b Y las expresiones en cursiva: ¿cómo se dicen en inglés? Compara las etiquetas con los dibujos.   *Ejemplo* **de cuadros** = checked

c Compara tu lista con la lista de tu pareja. Ahora, ¡verifica en el diccionario!

un jersey, una camisa unos calcetines, unas medias	liso/a, estampado/a lisos/as, estampados/as	de rayas, de flores, de cuadros de lunares, de tartán

10 ¿Qué busca?

Con tu pareja. ¿Qué hay en el escaparate?

2C OBJETIVO ¿Qué te parece?

Isabel busca algo para la boda.

1 ¿Qué tal?

2.8

Empareja las preguntas con las respuestas. *Ejemplo* **1e**

1 ¿Te queda bien?
2 ¿Qué talla usa?
3 ¿Qué te parece?
4 ¿Le gusta el rojo?
5 ¿Hay en verde?
6 ¿Se puede probar?
7 ¿Cuánto es?
8 ¿Qué busca?

a Sí, aquí tiene.
b Sí, allí.
c Son treinta pesos.
d Busco una falda.
e Sí, me queda bien.
f No, no me gusta.
g Cuarenta y cuatro.
h Es ajustado.

2 Te toca a ti

Trabaja con tu pareja. **A** elige una pregunta. **B** elige la buena respuesta.

3 ¿Qué te parece?

Escucha a los clientes. ¿Qué opinan? Apunta una opinión para cada uno.

Ejemplo **1 c**

a ⟨ ¡Qué asco! ⟩   **b** ⟨ ¡Es demasiado holgado! ⟩

c ⟨ No me gusta nada. ⟩   **d** ⟨ Es precioso. ⟩

e ⟨ ¡Es mucho! ⟩   **f** ⟨ No me gusta. ⟩

g ⟨ ¡Un poco ajustada! ⟩   **h** ⟨ ¡Me encanta! ⟩

⟨ ¡Es demasiado holgado! ⟩

4 ¿Qué talla …?

¿Qué talla usan los clientes? Escucha y apunta la talla.

Ejemplo **1**, 46

5 ¿Qué desea?

◆ **a** Por fin, Tomás compra una camiseta de México.
Trabaja con tu pareja. Practica la conversación.

⟨ Buenos días. ¿Qué desea? ⟩   ⟨ Busco **una camiseta**. ⟩

⟨ ¿De qué color? ⟩   ⟨ ¿Hay en **verde**? ⟩

⟨ ¿Qué talla usa? ⟩   ⟨ La **treinta y ocho**. ⟩

⟨ Aquí tiene. ⟩   ⟨ ¿Se puede probar? ⟩

⟨ Sí, allí. ¿Qué tal **la camiseta**? ⟩   ⟨ Es un poco **holgada**. ¿Cuánto es? ⟩

⟨ Son **dos mil** pesetas. ⟩   ⟨ Está bien. ⟩

⟨ Gracias. Adiós. ⟩   ⟨ Adiós. ⟩

b Inventa otras conversaciones. Utiliza la conversación como modelo.

¿Qué tal **el** jersey? ¿Qué tal **la** camisa?	Es un poco	ajustad**o**, grand**e** holgad**a**, grand**e**
¿Qué tal **los** vaqueros? ¿Qué tal **las** medias?	Son un poco	ajustad**os**, grand**es** pequeñ**as**, grand**es**

6 ¿Qué vas a llevar?

◆ Es el día de la boda. Isabel escribe una tarjeta a Pilar. Sustituye a los dibujos.

Ciudad de México
domingo

¡Hola, Pilar!

¿Qué tal las vacaciones? Hoy es la boda de Amaya y Martín. Todo el mundo está muy elegante.

La tía Rosa lleva una falda ( ) y una camisa ( ) - ¡son demasiado pequeñas! Y tiene un sombrero () muy grande. ¡Qué asco!

¡Y Tomás! El pobre Tomás lleva un (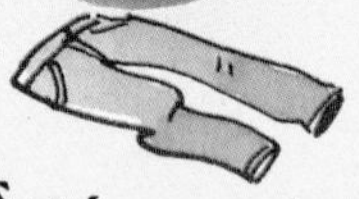) gris, una camisa azul claro y una () azul marino. Está muy elegante - pero no está muy contento.

Yo llevo una () blanca. Es preciosa pero es en la talla (**38**) y es un poco holgada. Llevo mi vieja falda (). He comprado una () morada. Me gusta mucho, pero ¡qué horror! es demasiado ajustada.

El fin de () yo vuelvo a Sevilla con Mamá y Dani. Tengo muchas ganas de verte allí. Tomás y Maite van a Barcelona para visitar a los abuelos.

Hasta luego,
Un abrazo,
Isabel

7 ¿Cómo es?

◆ Completa las respuestas de Isabel.

1 ¿Qué tal la falda y la camisa?   Son demasiado…
2 ¿Qué tal el sombrero?   Es muy…
3 ¿Qué tal la chaqueta blanca?   Es un poco…
4 ¿Qué tal la falda morada?   Es…

¿Qué talla usas?	No sé. La (42) o la (44).
Aquí tiene	¿Se puede probar?
¿Qué tal (el…, la…)?	Es (demasiado) ajustado/a, holgado/a, pequeño/a, grande
¿Qué tal (los…, las…)?	Son (un poco) ajustados/as, holgados/as, pequeños/as, grandes.

8 Conversaciones

♣ **a** Escucha las dos conversaciones. Elige la expresión correcta.

> Buenos días. ¿Qué desea?

> Buenos días. He visto **un jersey/una camisa** en el escaparate.

> ¿Sí? ¿De qué color?

> Me gusta **la verde/ la roja de cuadros/la roja de rayas.**

> ¿Qué talla usa?

> La 36/38, creo. **Lo/la** prefiero de **manga corta/larga.**

> Aquí tiene.

> ¿**Lo/la** puedo probar?

> Sí, claro....¿Le queda bien?

> Sí. ¿Cuánto es?

> Son **2500/3200** pesetas.

> Está bien. Gracias.

> Buenas tardes. ¿Qué desea?

> He comprado **unos zapatos/vaqueros** esta mañana.

> ¿Sí?

> Son un poco **ajustados/holgados. ¿Los/las** puedo cambiar?

> Claro. No hay problema. A ver…. ¿**Los/las** quiere en azul **liso/estampado?**

> Sí.

> … Aquí tiene. Son más **grandes/pequeños.**

> Muy bien. Gracias. Adiós.

> Adiós.

He visto	**un** (jersey) en el escaparate	¿**Lo** puedo probar?
	una (camisa)	¿**La** puedo probar?
He comprado	**unos** (vaqueros)	¿**Los** puedo cambiar?
	unas (botas)	¿**Las** puedo cambiar?

▶▶ Gramática 25

b Rellena los huecos con *lo/la/los/las*.

1 Deseo una camisa. ¿….puedo probar?
2 He comprado unas botas. ¿….puedo cambiar?
3 Busco unos calcetines. ¿….tiene de rayas?
4 He visto un pantalón. ¿….tiene en gris?
5 Me gusta el plumífero de flores. ¿….tiene en la 38?
6 La chaqueta estampada es preciosa. ¿….tiene de manga corta?

c Inventa otras conversaciones.

d Con tu pareja, grábalas en una cinta.

2 *Acción: lengua*

● *¿Preparados?*

Mira la página 22. Rellena los huecos con **-o**, **-a**, **-os**, **-as** o **-es**.

1 Me gustan las medias negr.... y los zapatos negr...
2 Llevo unos vaqueros azul.... y unos zapatos gris...
3 ¿Te gustan el jersey roj... y blanco, y las botas negr....?
4 Quisiera una chaqueta blanc..... y unos calcetines negr.....

● *¿Listos?*

masc. sing. ending in...	singular		plural	
	m	*f*	*m*	*f*
-o	roj**o**	roj**a**	roj**os**	roj**as**
-e	verde	verde	verde**s**	verde**s**
-l, **-n**, **-s**	azul	azul	azul**es**	azul**es**
-a	lila	lila	lila	lila
color + claro, oscuro, vivo, marino	*azul* claro, oscuro, etc	*azul* claro, oscuro, etc	*azul* claro, oscuro, etc	*azul* claro, oscuro, etc

▶▶ Gramática 7, 8

Quisiera **una falda roja**.
Lo siento, no hay **faldas rojas**.
No me gusta **el pantalón azul**.
Los vaqueros azules son muy baratos.
No me gustan **los jerseys azul marino**.

*I'd like **a red skirt**.*
*I'm sorry, there aren't any **red skirts**.*
*I don't like **the blue trousers**.*
***The blue jeans** are very cheap.*
*I don't like **the navy blue jumpers**.*

● *¡Ya!*

◆ Elige la palabra correcta.

¡¡GANGAS!!

Faldas (*roja / rojas*) – 1200 ptas.
Jerseys (*verde / verdes*) – 900 ptas.
Pantalones (*holgados / holgadas*) – 1350 ptas.
Camisas (*azul / azules*) – 1100 ptas.
Botas (*marrón / marrones*) – 1800 ptas.
Calcetines (*blanco / blancos*) – 250 ptas.

♣ Escribe la forma correcta del adjetivo.

– Buenos días, ¿Qué desea?
– Quisiera unas botas (*negro*) o (*marrón*).
– Lo siento, no hay. Tengo zapatos (*amarillo*) y (*azul*), y sandalias (*blanco*), (*lila*) y (*verde*).
– Me gustan los zapatos (*azul oscuro*). ¿Los puedo probar?

Lectura y Proyectos

La Adivinanza del Tiempo

Mi primera no está en *frío* –
¡pero sí, está en *nieve*!
Mi segunda está en *niebla*,
Y hay dos de mi tercera en *llueve*.
Mi cuarta está en *buen tiempo*,
¿Y está en *mal tiempo*? - ¡qué va!
Mi quinta está en *tormenta*
¡En *sol* y *calor* mi última!

¿Qué tiempo hace? ¿Lo sabes ya?
¿Puedes solucionar la adivinanza?

He aquí otras expresiones relacionadas con el tiempo. ¿Cómo se dicen en inglés?

★ Llueve sobre mojado.

★ *¡Es un sol!*

★ No me da ni frío ni calor.

★ *¡Es un cielo!*

★ *Contra viento y marea.*

★ *Es una tormenta en un vaso de agua.*

★ Más frío que el hielo …

★ ¡Vete con viento fresco!

El Flamenco

En la región de Andalucía, en el sur de España, el baile típico es el flamenco.

El lleva un pantalón negro y ajustado, una camisa blanca (un poco holgada), un chaleco negro, y una chaqueta corta y negra. Lleva también un sombrero negro y unos zapatos negros de tacón ancho.

Ella lleva un vestido largo de volantes, normalmente de manga larga. Es de color vivo, de lunares. Lleva zapatos negros de tacón ancho y un poco alto. En el pelo, lleva una flor.

1 Mi región

Haz un folleto sobre tu región para
visitantes españoles.
Añade fotos, postales y gráficas
del tiempo, si quieres.

Explica:
- cómo es la región (páginas 2-5)
- qué tiempo hace (páginas 6-9)
- qué hay de interés (páginas 10-13)

Ejemplos

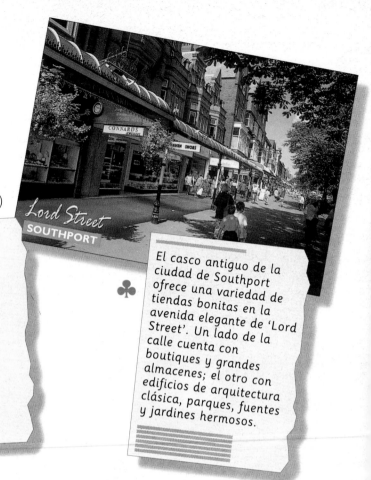

**Para comprar,
hay la zona
comercial.**

El casco antiguo de la
ciudad de Southport
ofrece una variedad de
tiendas bonitas en la
avenida elegante de 'Lord
Street'. Un lado de la
calle cuenta con
boutiques y grandes
almacenes; el otro con
edificios de arquitectura
clásica, parques, fuentes
y jardines hermosos.

2 La fiesta de mal gusto

¿Qué llevas a la fiesta?

Llevo una falda larga, talla
50, un jersey de fútbol y
unas botas grandes...

**Invitación
a una fiesta de
MAL GUSTO
El sábado a las 21.00
para celebrar el cumpleaños de
Ramón**

Llevo un pantalón verde vivo
de rayas, botas rojas altas
y una camiseta de flores
naranja, ajustada. ¿Y tú?

Y tú, ¿qué llevas? Trabaja en grupo. Cada persona describe sus prendas para la fiesta.

Tiempo libre

3

Objetivo A ¿Qué deporte practicas?
Objetivo B ¿Qué haces en tu tiempo libre?
Objetivo C ¿Por qué te gusta?

OBJETIVO
¿Qué deporte practicas?

Tomás y Maite están en el avión, camino de Barcelona.

La equitación. ¿No te gusta?

No mucho. Juego al baloncesto.

¿Vas a la Competición Deportiva? Me llamo Andrés.

Y yo, Maite. ¿Qué deporte practicas?

¡Odio el baloncesto!

Practico la natación, también.

¡Ah – me chifla la natación!

¿Y tú? ¿Qué deporte practicas?

¿Tomás? ¡El zapping!

1 El vuelo a Barcelona

¿Quién es - Tomás, Maite o Andrés?   *Ejemplo* **1** Tomás

1 Practico el zapping.
2 Practico la equitación.
3 Juego al baloncesto.
4 Me chifla la natación.
5 No me gusta la equitación.
6 Odio el baloncesto.

2 ¿Juego o practico?

Empareja las frases **1-12** con los deportes **a-l**. Completa las frases con **juego** o **practico**.
Utiliza la sección de vocabulario si es necesario.   *Ejemplo* **1** – **d**: **juego** al voleibol.

1 ... al voleibol
2 ... el ciclismo
3 ... al fútbol
4 ... el esquí

5 ... el atletismo
6 ... al hockey
7 ... la vela
8 ... al squash

9 ... el footing
10 ... el piragüismo
11 ... el alpinismo
12 ... al rugby

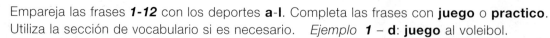

juego ... I play   practico ... I do... I go...

3 En tu clase

3.2

¿Cuántas personas practican los mismos deportes que tú? Escribe los deportes que practicas y pregunta.

Yo
Juego al hockey
Practico la natación.

En mi clase
✓

| ¿Qué deporte practicas? | Juego **al** ... | Practico **el**..., **la** ... |

4 ¿Te gusta el fútbol?

Escucha las respuestas **a-g** de los Barceloneses.

◆ Apunta las reacciones: me chifla

🙂 me da igual

☹ odio

Ejemplo **a** 🙂

♣ Haz ◆ . Apunta los otros deportes que practican. Utiliza los números **1-12** (actividad 2).

Ejemplo **a** 🙂 *1, 8*.

5 En el instituto

Practica los diálogos de abajo con tu pareja.

A **B**

¿Qué deportes practicas en el instituto?

Juego al fútbol, y practico la natación.

¿Te gusta el fútbol?

¡No! Odio el fútbol.

¿Y la natación?

Me chifla la natación.

1 ☹ 2 😐 3 🙂 4 😐 5 🙂

1 🙂 2 ☹ 3 ☹ 4 🙂 5 😐

	¿Te gusta ...?
🙂 Me chifla	... el voleibol, el fútbol, el hockey
😐 Me da igual	... el squash, el rugby, el baloncesto
☹ Odio	... la natación, la vela, la equitación

España tiene muchos deportistas famosos - y ahora tiene dos ídolos nuevos: Carlos Moya y Ronaldo Luis. ¿Qué es importante para ellos?

¡Hola! Me llamo Ronaldo. Soy el ex-delantero del *equipo* de Barcelona: 'el Barça'. Me chifla el fútbol, sobre todo cuando marco un *gol*. Para un futbolista, el *árbitro* es muy importante y también el *balón*. ¿Y para mí? ¡Mis *hinchas*!

Me llamo Carlos Moya, y soy tenista. Juego en las grandes competiciones, como el Abierto en Australia. Para un tenista, la *raqueta* es súper importante (¡y tengo muchas!) y las *pelotas*. También importante es el *juez* de silla.

"Cada vez confío más en mi mismo", dijo Carlos en Australia.

6 Los ídolos nuevos

a Lee el artículo sobre Ronaldo y Carlos. Utiliza la Táctica y busca *las palabras en cursiva* en el diccionario.

b Empareja *las palabras en cursiva* con los dibujos *1-8*. *Ejemplo equipo* **5**.

1

2

3

4

5

6

7

8

> **Táctica: Diccionario**
>
> ¡Hay que mirar bien! Piensa en el contexto. p.ej. *deportes*
>
> **equipo** *m* equipment, outfit, kit;   system; (*grupos, deportes , etc.*) → **team;**

7 ¿Qué opinas tú?

Escribe algo sobre los deportes que practicas en el instituto, y fuera.

> *En el instituto juego al hockey, al fútbol y practico la gimnasia. Me chifla la gimnasia, y me da igual el fútbol, ¡pero odio el hockey! También, practico la natación y la vela.*

8 Un puzzle

♣ Copia el cuadro. Lee la información y las frases **1–5**. Rellena el cuadro correctamente.

	odia	practica	juega	le chifla
Ana			al baloncesto	
Pablo				el alpinismo
Marta	la vela			

1 Pablo odia el atletismo.
2 Ana practica la natación.
3 Una chica juega al fútbol.

4 A Marta le chifla el esquí.
5 El chico practica el footing.

9 El juego de verdad o mentira

♣ Con tu pareja, utiliza el cuadro completado. **A** dice una frase, **B** contesta **verdad** o **mentira**.

 **A**

> *Pablo odia el alpinismo.*

 B

> *¡Mentira! A Pablo le chifla el alpinismo.*

(✗) juega ..., practica ..., odia ...	a (✗) le gusta ..., a (✗) le chifla ...

10 ¿Y tu mejor amigo/a?

♣ ¿Cómo es tu mejor amigo/a?
¿Es deportista o no?
¡Escribe la verdad!   *Ejemplo*

Mi mejor amigo se llama Íñigo. ¡No es muy deportista! Juega al fútbol en el instituto y practica el atletismo: le chifla el fútbol pero odia el atletismo. De vez en cuando, va al polideportivo y practica la natación.

OBJETIVO
¿Qué haces en tu tiempo libre?

Maite va al estadio con su abuela para jugar al baloncesto. Tomás está en casa con su abuelo.

🔊 📖 *1 El abuelo y Tomás*

◆ Llena los huecos de las frases **1–8**. *Ejemplo* **1** Toco la batería.

1	_____ la batería.	**5**	_____ miembro de un club.	
2	_____ música.	**6**	_____ por Internet.	
3	_____ la informática.	**7**	_____ la televisión.	
4	_____ con mis amigos.	**8**	_____ al cine o al teatro.	

salgo	soy
escucho	voy
navego	veo
practico	toco

♣ Haz ◆. Lee las frases **1–6** y decide quién es: Tomás, el abuelo, o los dos?

Ejemplo **1** el abuelo.

1 Le interesa la cultura.

2 Practica mucho deporte.

3 Odia la televisión.

4 Le interesa la música.

5 Le chifla la informática.

6 Toca un instrumento musical.

2 REPASO *Vocabulario*

¿Cómo se dicen las expresiones de abajo en inglés? ¡Tienes cinco minutos con tu pareja!

un día	una tarde a la semana	una vez a la semana	dos veces
en verano	el fin de semana	todos los días	en invierno
por la tarde	por la mañana	por la noche	depende

3 *El equipo*

Escucha a los participantes del equipo de baloncesto: empareja las frases.   *Ejemplo* **1 d**.

1 ¿Practicas la informática?

2 ¿Escuchas la radio?

3 ¿Sales mucho con tus amigos?

4 ¿Vas mucho al cine?

5 ¿Tocas algún instrumento?

6 ¿Eres miembro de algún club?

7 ¿Navegas por Internet?

8 ¿Ves mucho la tele?

a Sí, una tarde a la semana.

b Sí. Una vez a la semana.

c El sábado por la mañana, hay una reunión.

d Sí, todos los días.

e En verano, no. En invierno, sí.

f Un día a la semana.

g No mucho.

h Depende. Dos o tres veces a la semana.

4 *Te toca a ti*

Trabaja con tu pareja: habla de tu tiempo libre. ¿Qué haces, y cuándo?
Utiliza las preguntas *1–8*. Adapta las respuestas **a–h**. Añade tu opinión.

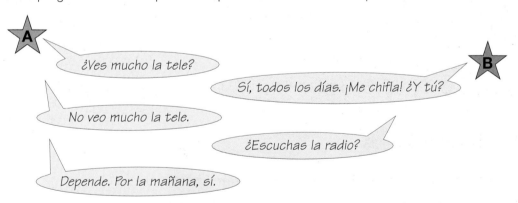

A ¿Ves mucho la tele?

B Sí, todos los días. ¡Me chifla! ¿Y tú?

No veo mucho la tele.

¿Escuchas la radio?

Depende. Por la mañana, sí.

¿Qué haces en tu tiempo libre?	
¿Practicas ...?	Practico la informática
¿Escuchas ...?	Escucho música, la radio
¿Vas ...?	Voy al ..., a la ...
¿Navegas ...?	Navego por Internet
¿Ves ...?	Veo la tele
¿Sales ...?	Salgo con mis amigos
¿Eres ...?	Soy miembro de un club de ...
¿Tocas algún instrumento?	Toco (la batería, el piano)

5 La carta de Gema

◆ **a** Lee la carta de Gema. Utiliza el diccionario y la Táctica.

Soy una persona activa. En verano, juego al baloncesto, practico la natación y salgo con mis amigos. <u>Pinto</u> a la acuarela pero en invierno, <u>dibujo</u> en casa, <u>leo</u> tebeos o escucho música. No veo la tele – es un poco aburrida. Toco el piano y <u>canto</u> en un coro una tarde a la semana. El sábado, hay una reunión de mi club de jóvenes donde <u>aprendo</u> bricolaje. <u>Bailo</u> también – ¡me chifla!

Táctica: Palabra nueva

	Ejemplo
¿Puede ser un verbo?	pint**o**
Quita el -**o**.	pint_
Añade -**ar**, o -**er**, o -**ir**.	¿pint**ar**, o pint**er** o pint**ir**?
¡Busca en el diccionario!	**pintar** *v/t* paint; (*fig*) depict, picture; *v/i* paint ...

b Pon los dibujos *1–6* en orden según la carta.   *Ejemplo*   **3** ...

1	2	3	4	5	6

6 Los instrumentos musicales

◆ Gema toca el piano. Busca otros instrumentos en el diccionario: busca el símbolo ♪.

Ejemplo Toco la flauta.

7 ¿Y tú?

◆ Describe lo que haces en tu tiempo libre. Utiliza la carta de Gema como modelo.

8 Por correo electrónico

a Tomás escribe a su familia y a su amigo inglés, Gary, que visita Sevilla. Lee la carta y las reacciones de sus padres. Rellena los globos.

Ejemplo **1** frío.

> ¡Hola a todos!
> ¿Qué tal en Sevilla, Gary? ¿Te gusta España? ¿Hablas mucho español? ¡Espero que sí! Aquí en Barcelona, bien. Maite juega al baloncesto todos los días, porque la competición es el sábado. ¿Y yo? No salgo mucho. Y no practico la natación, porque hace frío aquí en el norte. Veo la tele mucho (¡sobre todo el fútbol!). Me gusta, aunque es un poco difícil porque es todo en catalán.
> Tú no conoces a mis abuelos, Gary, pero son muy activos y energéticos. El abuelo sale todos los días con sus amigos a conciertos o a la cafetería para jugar al ajedrez. Tiene sesenta y cinco años, pero practica el yoga y hace gimnasia. ¿Sabes que toca la batería?
> A la abuela también le chifla la música de los años sesenta – tiene un montón de discos de los Beatles. Y la abuelita también es muy activa. Le gusta mucho ir de paseo por la sierra. En verano, es miembro de un club de vela en Salou. ¡Tiene más energía que yo!
> Escríbeme pronto por correo electrónico, Gary – ¡en español!
> Hasta luego, Tomás.

> ¿Hace ...(**1**)...? Claro - ¡es el invierno, Tomás!
>
> El abuelo sale con sus ...(**2**)...? ¡Qué bien!
>
> ¿Por qué no haces mucho ...(**3**)... Tomás? El polideportivo está cerca.
>
> ¿El abuelo practica el ...(**4**)...? ¡No me digas!

> ¿No practicas la ...(**5**)..., Tomás? ¡Qué lástima!
>
> ¿Tomás ve la ...(**6**)... en catalán? ¡Qué sorpresa!
>
> ¿La abuela escucha la ...(**7**)... de los años sesenta? ¡Qué raro!
>
> ¿Por qué no sales ...(**8**)..., Tomás? Barcelona es muy bonita.

| música | amigos | deporte | mucho | frío | natación | tele | yoga |

b Lee otra vez las reacciones. Busca los verbos para rellenar el cuadro de abajo.

	-ar		**-er**		**-ir**
	practic**ar**	escuch**ar**	v**er**	hac**er**	sal**ir**
yo	practico	escucho	veo	hago	salgo
tú	?	escuchas	ves	?	?
él, ella	?	?	?	?	?

 Gramática 13, 14

9 ¿A quién admiras tú?

¿Admiras a alguien - a un/a amigo/a o a un adulto? Escribe por qué.

3C

OBJETIVO
¿Por qué te gusta?

Tomás y los abuelos ven el final de la Competición de Baloncesto en Barcelona.

¿Te gusta el baloncesto, abuelita?

Sí. Es muy competitivo.

Yo prefiero la natación - es tranquila.

Pero aburrida.

El baloncesto es muy rápido.

Y emocionante - ¡ánimo, Maite!

Barcelona 36, México 34.

¡Ah! ¡Qué pena!

Bueno, ¡es muy divertido!

¡Y también un poco peligroso!

Bueno, ¡ya es Navidad! ¡A casa!

1 La competición

◆ Copia y completa las frases en los globos.   *Ejemplo* **1** El baloncesto es divertido.

1
El baloncesto es _____

3
El baloncesto es _____ y _____

2
El baloncesto es _____;
y la natación es _____

4
La natación es _____, pero
el baloncesto es _____

| rápido | competitivo | emocionante | aburrida | divertido | tranquila | peligroso |

♣ ¿**Verdad**, **mentira** o **no se sabe**?

1 El resultado final es treinta y cuatro a Barcelona, y treinta y seis a México.
2 Al abuelo le gusta el baloncesto.
3 A la abuelita, no le gusta la natación.

2 ¿Por qué?

◆ Empareja los dibujos **1–10** con las expresiones **a–j**.   *Ejemplo* **1c**.

♣ Adivina el deporte también y escribe una frase.   *Ejemplo* **1** El golf es tranquilo.

a es peligroso
b es divertida
c es tranquilo
d es aburrido
e es rápido
f es cara
g es competitivo
h es barata
i es emocionante
j es educativa

1  **2**  **3**

4  **5**  **6**

7  **8**  **9**  **10**

3 ¡No estoy de acuerdo!

◆ Utiliza los dibujos de la actividad 2.
A: di una expresión. **B**: di el número.

♣ Túrnate con tu pareja.
A: da tu opinión. **B**: reacciona.

A Es rápido.

B Número 2!

A El piragüismo es aburrido.

B ¡No estoy de acuerdo! Es emocionante.

| **el** fútbol es divertid**o**, emocionant**e** | **la** informática es divertid**a**, emocionant**e** |

4 La canción de los deportes

Escucha y canta la canción con tu clase.

5 Las opiniones

◆ Escucha a David, Encarna, Israel, Pamela, y Tania. Lee las frases **1–6**. ¿Quién habla?
¡Cuidado – sobra una frase!   *Ejemplo* David – **2**.

1 Es rápido.
2 Es tranquilo.
3 Es divertida.
4 Es peligroso.
5 Es interesante.
6 Es educativa.

♣ Haz ◆. Apunta el deporte y otra información.   *Ejemplo* David – **2**, el golf, es aburrido.

Rocío, 15 años, es residente de Barcelona.

– ¿Qué haces en tu tiempo libre, Rocío?

– Soy hincha de Internet. Me gustan los webs sobre música, y visito las páginas sobre las series de televisión. Es muy divertido.

– ¿Por qué te gusta Internet?

– Es interesante, pero también educativo: aprendo mucho sobre la ciencia y la tecnología.

– ¿Tienes muchos amigos en la red?

– ¡Sí! Utilizo el correo electrónico. Es emocionante leer cartas de mis amigos en Australia. Participo en los chats también. El problema es que es caro. Y mi ordenador no es muy rápido. ¡Quiero otro!

– ¿Y qué deportes practicas?

– Practico la natación, pero es un poco aburrida. Juego un poco al squash también, pero es competitivo y no me interesa mucho. ¡Prefiero Internet!

6 Navegar por Internet

◆ Lee el artículo y completa las frases con la expresión correcta. *Ejemplo* **1 c**.

1 Es divertido …	**a**	leer algo sobre la ciencia y la tecnología.
2 Es emocionante …	**b**	participar en los chats.
3 Es educativo …	**c**	visitar las páginas sobre las series en la televisión.
4 ¡Es aburrida!	**d**	mi ordenador - ¡quiero otro!
5 Es competitivo	**e**	recibir cartas de mis amigos por e-mail.
6 Es caro …	**f**	No me gusta mucho la natación.
7 No es muy rápido …	**g**	Por eso, no me gusta el squash.

7 Entrevista a un amigo o a una amiga

◆ Haz una entrevista y grábala en un vídeo o escríbela para tu *Revista de Clase*. Pregunta:

¿Qué haces en tu tiempo libre? ¿Qué deporte practicas? ¿Por qué te gusta? ¿Te gusta (la informática)? ¿Por qué?

¿Te gusta … (el fútbol, la informática)? ¿Por qué?
Porque (el fútbol) (la informática) es …
aburrido/a, divertido/a, barato/a, caro/a, rápido/a, tranquilo/a, peligroso/a, competitivo/a, educativo/a, emocionante

¡Odio el golf porque es peligroso!

▶▶ Gramática 7

8 Padres y niños

♣ **a** El grupo de teatro lee una escena de su obra dramática: *Padres y Niños.*
Escucha y lee.

AMALIA ¿Dónde está Papá? ¿En el gimnasio?

JAIME ¡Otra vez! Papá pasa todo el día trabajando en una oficina ...

AMALIA ¡...y toda la tarde, practicando la gimnasia!

MAMÁ Le gusta. A mí también me gusta el deporte.

AMALIA Sí. Pasas horas y horas practicando la natación...

JAIME Y por la tarde, ¡otra hora haciendo el footing!

AMALIA Luego dos tardes a la semana saliendo con tus amigas.

JAIME ¡Nunca estás en casa!

MAMÁ ¿Y tú, Amalia? ¿Qué deporte practicas? ¡El zapping! Pasas toda la tarde viendo la tele. No estudias mucho.

AMALIA ¡Es aburrido, Mamá!

MAMÁ Y tú, Jaime, con el Walkman, escuchando tu música rock...

JAIME ¡Me chifla la música!

MAMÁ ¿Sí? Entonces, media hora tocando la flauta. Tienes clase mañana. Y tú, Amalia, una hora haciendo deberes.

JAIME ¡Ya voy!

MAMÁ ¡Niños!

AMALIA ¡Padres!

b ¿Quién es: Papá, Mamá, Amalia o Jaime? *Ejemplo* **1** Mamá - practicando la natación.

...**1**... – practicando la natación.

...**2**... – tocando la flauta.

...**3**... – escuchando su Walkman.

...**4**... – practicando la gimnasia.

...**5**... – viendo la tele.

...**6**... – saliendo con sus amigas.

9 ¿Y tú?

♣ Escribe cuánto tiempo tú gastas en hacer actividades al día o a la semana.

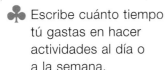

El sábado, paso todo el día saliendo con mis amigos. Paso una hora o dos a la semana practicando la natación en la piscina ...

10 Teatro

♣ Aprende la escena de arriba (actividad 8) y hazla en tu clase con tu grupo de amigos. Inventa otras líneas, si quieres.

paso	horas y horas	practic**ando** (el atletismo)	**- ar** > **-ando**
¿pasas	mucho tiempo?	**viendo** (la tele)	**- er** > **-iendo**
(✗) pasa	todo el día	sal**iendo** (con sus amigos)	**- ir** > **-iendo**

▶▶ Gramática 18

3 *Acción: lengua*

How to ... • use irregular verbs in the present tense

• *¿Preparados?*

Copia y completa las palabras de Sara Superactiva.   *Ejemplo* Escucho ...

> Escuch_ música (pero odi_ la música rock), toc_ la batería, y practic_ la informática. No dedic_ mucho tiempo a los deberes y estudi_ muy poco!

> Me chifla el deporte. J_ _ _ o al squash y al hockey, y s _ _ miembro de un club de rugby. El sábado, v _ _ al centro o sa_ _ o con mis amigos.

• *¿Listos?*

jugar *to play*	hacer *to do*	salir *to go out*	*ver *to see*	ser *to be*	ir *to go*
juego	ha**g**o	sal**g**o	**v**eo	**soy**	**voy**
juegas	haces	sales	ves	**eres**	**vas**
juega	hace	sale	ve	**es**	**va**
jugamos	hacemos	salimos	vemos	**somos**	**vamos**
jugáis	hacéis	salís	veis	**sois**	**vais**
juegan	hacen	salen	ven	**son**	**van**

(row labels: yo, tú, él, ella, Ud., nosotros, vosotros, ellos, ellas, Uds.)

▶▶ Gramática 13, 14   *ver la tele - to watch TV

¿Haces deporte? Sí, **juego** al golf.   ***Do you do*** any sports? Yes, I **play** golf.
Yo **veo** la tele – pero Juan **sale** al cine.   ***I watch*** TV, but Juan **goes out** to the cinema.

• *¡Ya!*

◆ Rellena los huecos correctamente.

¡Más preguntas!

ANA   ¿...(**1**)... al hockey?
JUAN   Sí, y...(**2**)...al billar en invierno.
ANA   ¿...(**3**)... miembro de algún club?
JUAN   Sí. ...(**4**)... miembro de un club de ciclismo.
ANA   ¿...(**5**)... mucho la tele?
JUAN   En verano, no ...(**6**)... mucho.
ANA   ¿...(**7**)... mucho con tus amigos?
JUAN   No ...(**8**)... mucho - es caro.

eres	salgo	ves	juegas
juego	soy	sales	veo

♣ Lee el poema y cambia los verbos.

Yo y mi hermana gemela

Yo (*practicar*) la natación,
Y ella (*practicar*) la equitación.
Yo (*jugar*) al fútbol,
Ella (*jugar*) al voleibol.
Yo no (*salir*) mucho por la tarde.
Yo no (*ser*) como mi hermana -
Ella (*ir*) a la discoteca
¡Hasta las dos de la mañana!
Y tú, ¿qué (*hacer*)? ¿(*Ser*) deportista?
¿Ciclista? ¿Tenista? o ¡'Zapping-ista'!

Las fiestas

4

4A OBJETIVO
¿Qué fiestas celebras?

Barcelona, el 21 de diciembre.

¡Dígame!

¿Maite? Soy Andrés.

¿Estás libre el 24 de diciembre?

El 24…Ah, lo siento, es Nochebuena. La celebro con mis abuelos.

Bueno, pues, ¿quieres salir el 25?

Pero, el 25 es el día de Navidad y lo celebro con mi familia.

¿Bueno….estás libre el 1 o el 6 de enero?

Pero, el 1 es el Año Nuevo y el 6 es el día de Reyes - lo celebro con mis amigos.

¿Y mañana? ¿Quieres ir al cine?

… Mañana… es el 22 de diciembre.. .sí, vale. Pues… hasta mañana.

Oye, Maite, mañana es el día de mi santo ¿sabes? Vamos al restaurante.

 ## 1 ¿Cuándo es?

a Completa la lista del abuelo con las fiestas correctas.

b Trabaja con tu pareja.

A

¿Cuándo es el día de Navidad?

B

Es el …

DICIEMBRE
22 …el día de San Demetrio
24
25
ENERO
1
6

 ## 2 Lo siento…

Rellena los huecos en la nota de Maite.

| siento | voy | es | estoy | puedo |

Barcelona, el 22 de diciembre
¡Hola Andrés!
No …(1)… ir al cine hoy. …(2)…al restaurante con Tomás y los abuelos. …(3)… el día del santo del abuelo. Lo …(4)… mucho. …(5)… libre el 7 de enero.
Maite

3 Hoy es mi santo

◆ Rellena los globos con la fecha correcta.

Ejemplo **1 c**

Pablo:
(El día de mi santo es …(1)…)

Mercedes:
(El día de mi santo es …(2)…)

Reyes:
(Mi santo es …(3)… claro)

José Luis:
(El día de mi santo es …(4)…)

Juan:
(Mi santo es …(5)…)

Pilar:
(Mi santo es …(6)…)

a el 19 de marzo	**b** el 6 de enero	**c** el 29 de junio
d el 12 de octubre	**e** el 24 de junio	**f** el 24 de septiembre.

Enero

Sem.	Lunes	Martes	Miércoles	Jueves	Viernes	Sábado	Domingo
1			1 Sta. María Madre de Dios	2 Stos. Basilio y Gregorio	3 S. Daniel	4 S. Rigoberto	5 S. Telesforo
2 Nueva 9	6 Epifanía del Señor	7 S. Raimundo de Peñafort	8 S. Severino	9 S. Marcelino	10 S. Nicanor	11 S. Higinio	12 S. Arcadio
3 Crec. 15	13 S. Hilario	14 S. Malaquías	15 S. Macario	16 Sta. Estefanía	17 S. Antonio Abad	18 Sta. Faustina	19 S. Mario

 Escucha otra vez. Apunta la estación.

en la primavera   en el verano   en el otoño   en el invierno

4 ¿Qué fiestas celebras?

◆ Haz una encuesta en la clase.

Ejemplo
(¿Qué fiestas celebras?)
(Celebro mi cumpleaños.)
(Celebro el Año Nuevo.)
(No celebro el día de Navidad.)

la Nochebuena
el día de Navidad   **x**
el Año Nuevo   ✔
el día de Reyes
el día de mi santo
mi cumpleaños   ✔

♣ ¿Qué fiesta es más/menos popular?

5 ¿Con quién las celebras?

¿Y tú, con quién las celebras? Mira la actividad 4 y elige cuatro fiestas.
Prepara una frase para cada una. *Ejemplo Celebro mi cumpleaños con mis padres.*

Celebro…   con mi madre
con mi padre
con mi familia
con mis amigos
con mis abuelos

6 El calendario de fiestas

a Utiliza un diccionario. Pon las fiestas *1–4* en orden según el calendario.

En España hay muchas fiestas.

1 Las Fallas de Valencia en marzo: las fiestas de San José son de origen medieval. Hay una procesión con estatuas gigantescas.

2 La fiesta de la Virgen del Pilar en Zaragoza. Es el 12 de octubre, que es el día Nacional también.

3 Los sanfermines: las fiestas de San Fermín son del 7 al 14 de julio, en Pamplona. Los toros van corriendo por las calles de la ciudad.

4 Las ferias de Sevilla en abril: la mujer lleva el traje típico - un vestido largo de lunares en colores vivos, y el hombre lleva una chaqueta negra, camisa blanca y pantalón ajustado.

b ¿Qué fiestas recomiendas a estos turistas?

1 Me interesa la historia. Prefiero la primavera.
2 Me interesa la cultura. Estoy libre en otoño.
3 Estoy libre en verano. Me gustan los deportes peligrosos.
4 Me encantan los trajes regionales.

7 ¿Y tú, qué fiestas celebras?

a ¿Qué fiestas prefieres?
¿Qué fiestas celebras y cuándo son?
Escribe una postal a Maite.

¡Hola Maite!,
Celebro ....

b ¿Con quién las celebras?

¿Qué fiestas celebras?	Celebro	las Navidades el día de Navidad la Nochebuena el día de Reyes el Año Nuevo la Semana Santa
¿Qué fiestas prefieres?	Prefiero	la fiesta de … el día Nacional de … el día de mi santo mi cumpleaños
¿Cuándo es?	Es	el (veinte de octubre) en (invierno)

8 ¿Qué es exactamente?

♣ Un amigo de Pilar, Mohammed, le ha enviado una postal.

Utiliza tu diccionario, y lee.

> Hola Pilar,
>
> ¿Qué tal? Como soy musulmán, no celebro las Navidades. Pero con mi familia celebramos otras fiestas. Por ejemplo, hay el Eid-ul-Fitr que es una fiesta religiosa en la que celebramos el fin del Ramadán. En el Ramadán no comemos y no bebemos durante el día. A fines del mes, vamos a la mezquita y después preparamos una comida de familia con música y fuegos artificiales. En otoño celebramos la fiesta de Milad-un-Nabi - es una fiesta en la que celebramos el nacimiento y la muerte de Mahoma.

a Rellena los huecos en la respuesta de Pilar.

> ¡Hola, Mohammed!
>
> Son las Navidades y te explico un poco cómo son aquí en España. El 24 de diciembre, es ...(1)... en la que celebramos el ...(2)... de Cristo. Muchos ...(3)... van a la ...(4)... para la Misa del Gallo. El 25, que es el día de ...(5)..., la celebramos en ...(6)... con una comida especial. El 31 de ...(7)... es Nochevieja - La ...(8)... en casa o en un restaurante. A medianoche escuchamos las doce campanadas del ...(9)... Nuevo y comemos doce uvas. Es una fiesta nacional para celebrar el ...(10)... del Año Nuevo. Yo ...(11)... el día de ...(12)... - la noche del 5 al 6 de ...(13)..., cuando los Reyes Magos traen los regalos.
>
> Pilar

diciembre
enero
celebramos
católicos
Reyes
prefiero
Navidad
Nochebuena
iglesia
Año
casa
nacimiento
principio

b Lee las definiciones y busca las fiestas correspondientes.

1 Una fiesta cristiana en la que celebramos el nacimiento de Cristo.
2 Una fiesta musulmana en la que celebramos el fin del Ramadán.
3 Una fiesta cristiana en la que celebramos la llegada de los Reyes Magos.

9 Una fiesta...

♣ Describe una fiesta que conoces. Utiliza el vocabulario de abajo.

¿Qué es .... exactamente?	Es una fiesta	religiosa cultural familiar nacional musical	en la que celebramos	el nacimiento de... la muerte de... la independencia de... el principio de... el final de...

4B OBJETIVO
¿Cómo celebráis...?

La Nochebuena: Tomás y Maite están con los abuelos.

> Tomás, ¿cómo celebráis las Navidades?

> Las celebramos en casa. Enviamos tarjetas, y ... adornamos el pino, pero no montamos un belén.

> ¿Dónde está el bebé?

> ¡Ay! Son las diez. Vamos a misa. ¿Queréis venir a la iglesia?

> Es precioso. Mira, están María... José... los pastores...

> Esperamos el nacimiento de Cristo, el día de Navidad.

> Yo voy a acostarme.

> Compramos regalos también.

> Ponemos zapatos debajo del pino....Allí, al lado del belén.

> ¿Cuándo llegan los Reyes?

> ... Y los calcetines. ¿Colgamos calcetines?

> ¡Pero Tomás, aquí no colgamos calcetines!

> En España ¿sabes? los Reyes Magos traen los regalos.

> Pues, el día de Reyes, que es el 6 de enero.

1 ¿Qué hacemos?

◆ Empareja las preguntas con las respuestas. *Ejemplo* **1 d**

1 ¿Colgáis calcetines?
2 ¿Adornáis un pino?
3 ¿Vais a la iglesia?
4 ¿Montáis un belén?
5 ¿Dónde ponéis los zapatos?
6 ¿Enviáis tarjetas?

a Adornamos el pino de Navidad.
b Enviamos tarjetas de Navidad.
c Montamos un belén.
d No, no colgamos calcetines.
e Ponemos zapatos debajo del pino.
f Vamos a misa.

♣ ¿Qué pasa en tu casa? Escribe una lista. *Ejemplo* No enviamos tarjetas de Navidad.

(No) enviamos...
adornamos...
montamos...
colgamos...

(No) ponemos...
compramos...
celebramos...
vamos...

2 ¿Qué hacéis?

Escucha y rellena los huecos con las palabras correctas. *Ejemplo* **1** compramos.

ABUELA: Y en tu familia ¿qué hacéis, Maite?
MAITE: ...**(1)**... regalos, no ...**(2)**... calcetines y no ...**(3)**... muchas tarjetas.
ABUELA: ¿Y tú, Andrés?
ANDRÉS: En mi familia, ...**(4)**... un pino y ...**(5)**... zapatos debajo del pino.
ABUELA: Y nosotros lo ...**(6)**... con la familia. ...**(7)**... un belén. Y siempre ...**(8)**... a misa.
ABUELA ¿Coméis algo especial?
ANDRÉS: ...**(9)**... mucho - pastel de Navidad y dulces típicos.

> celebramos compramos vamos colgamos comemos
> adornamos ponemos montamos enviamos

3 ¿Y en tu familia?

Túrnate con tu pareja.

A

¿Qué hacéis en tu familia?

B

Adornamos el pino... pero no colgamos calcetines.

No celebramos las Navidades.

¿Qué hacéis?	en Nochebuena el día de Navidad	
¿Cómo celebráis (las Navidades)?	(Las) celebramos	con la familia los padres los abuelos los amigos en casa
	(No) vamos (No) compramos (No) enviamos (No) adornamos (No) montamos (No) colgamos (No) ponemos	a la iglesia/a misa regalos tarjetas de Navidad un pino/la casa un belén calcetines zapatos
¿Coméis algo especial?	Comemos	pastel de Navidad dulces típicos mucho

4 La lista de la compra

¡Qué pena! La lista de Maite está en pedazos. Empareja las dos partes de cada palabra correctamente.

tar cetines
be cal galos
za re no jetas
pi patos lén

5 Canción de Navidad

Escucha y aprende la canción.

1 Calcetines colgamos
El pino adornamos
Regalos compramos
Celebramos la Navidad

2 Un belén montamos
Tarjetas enviamos
Zapatos ponemos
Debajo del pino de Navidad

6 ¿Coméis algo especial?

◆ **a** Trabaja con tu pareja. Lee el artículo. Utiliza un diccionario.

Los dulces de Navidad

1 **El turrón**   Es un dulce hecho con almendras y miel. El turrón de Alicante es muy duro. El turrón de Jijona es más blando.

2 **Los polvorones** Son pequeños bizcochos redondos hechos con harina y manteca.

3 **Las yemas**   Son dulces muy ricos hechos con azúcar y huevos.

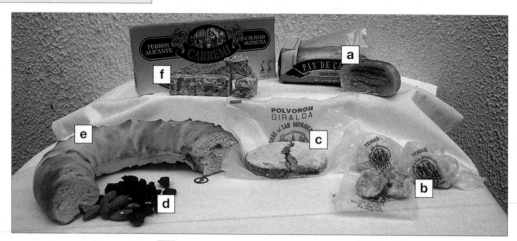

4 **El pan de Cádiz**   No es un pan normal, es un dulce hecho con mazapán.

5 **El roscón**   Es un pastel que lleva dentro un pequeño regalo. Lo comemos el día de Reyes. La persona que encuentra el regalo es el Rey o la Reina.

6 **Frutos secos**   Comemos muchos frutos secos como dátiles, higos, almendras y nueces.

b Empareja el dulce con su nombre.   *Ejemplo* **1f**.

c Escribe **Verdad** o **Mentira**.

1 El turrón es un bizcocho.
2 El turrón de Alicante es más duro que el de Jijona.
3 Los polvorones son frutos secos.

4 Comemos el roscón el 6 de enero.
5 Las yemas están hechas con mazapán.
6 El pan de Cádiz está hecho con frutos secos.

7 ¿Cómo celebráis las fiestas?

a Prepara una lista de lo que hacéis en tu familia.

b Describe un dulce o un pastel que te chifla.
Ejemplo El pastel de Navidad está hecho con huevos, …

c Graba la lista o la descripción.

8 El día de los Muertos

♣ Radio Sol entrevista a Maite. Lee la entrevista y utiliza el diccionario.

RS: ¿Qué fiestas importantes celebráis en México?

M Pues el 2 de noviembre celebramos el día de los Muertos que es una fiesta muy importante. Es una fiesta religiosa en la que recordamos las personas muertas.

RS: ¿Qué hacéis?

M: Preparamos un altar y lo adornamos con flores y fotografías de las personas muertas de nuestra familia. Ponemos velas en el altar.

RS: ¿Qué coméis?

M: Comemos un pan especial que se llama el pan de los muertos.

RS: ¿Y qué hacéis después?

M: Después de comer tomamos velas y flores y salimos a la calle. En la calle compramos dulces típicos, calaveras de azúcar o esqueletos en miniatura. Vamos al cementerio.

RS: ¿Qué hacéis en el cementerio?

M: En el cementerio ponemos las velas y las flores en las tumbas. Nos sentamos y algunas veces tocamos instrumentos y cantamos. Esperamos hasta medianoche y después volvemos a casa.

¿Qué celebr**áis**?	Celebr**amos** ...
¿Cómo lo celebr**áis**?	Lo celebr**amos** ...
¿Qué com**éis**?	Com**emos** ...
¿Cuándo sal**ís**?	Sal**imos** ...
¿Adónde v**ais**?	V**amos** a

▶▶ Gramática 13,14

♣ **a** Completa las preguntas de Radio Sol.

   Ejemplo **1** ¿Qué fiesta celebr**áis**?

   1 ¿Qué fiesta celebr....?
   2 ¿Qué prepar...?
   3 ¿Cómo adorn.....el altar?
   4 ¿Qué pon...... en el altar?
   5 ¿Cuándo sal....?
   6 ¿Qué compr...... en la calle?
   7 ¿Adónde v......?
   8 ¿Qué hac..... en el cementerio?
   9 A qué hora volv..... a casa?

♣ **b** Escribe las respuestas de Maite a las preguntas **1–9**.

   Ejemplo Celebramos el día de los Muertos.

4C OBJETIVO
¡Somos todos diferentes!

¿Qué diferencias hay?

El día de Navidad

En España se hace una comida especial. ¿Te gusta el pavo, Tomás?

¿Quieres un poco de vino?

Sí, ¡qué rico!

¡Puaj! No, gracias, se bebe menos vino en Gran Bretaña.

…En Gran Bretaña hay menos dulces típicos, pero se come más chocolate.

¿Cómo se celebra la Navidad en tu casa?

Se gasta mucho dinero.

Y ¿la iglesia?

Ah, la iglesia… se va menos.

Se visita la familia y se ve más la televisión.

En Gran Bretaña también.

¡Qué lástima!

1 ¡Qué sorpresa!

◆ Empareja las frases correctamente.   *Ejemplo* **1 e**

1	Se come	**a**	el día de Navidad
2	Se bebe	**b**	a la iglesia
3	Se va	**c**	una comida especial
4	Se celebra	**d**	vino
5	Se hace	**e**	chocolate
6	Se gasta	**f**	la televisión
7	Se ve	**g**	mucho dinero

2 ¿Cómo se lo celebra en tu casa?

◆ Trabaja con tu pareja.

¿Se come chocolate?

Sí. ¿Se ve la televisión?

3 Juego

a Escucha y lee. Escribe **Verdad** o **Mentira**.

1 En España se come pavo con una salsa de pan.
2 En México se come pavo con chocolate.
3 En Cádiz se hace un pan muy raro.
4 En Gran Bretaña se prende fuego al pudín.
5 En España, en Nochevieja, se comen diez uvas.

b Corrige los errores.

4 ¿Qué opinas?

Túrnate con tu pareja. Inventa unos platos interesantes. Utiliza el vocabulario de abajo.

Ejemplo

pavo	con chocolate	¡qué raro!	¡qué rico!
uvas	con mazapán	¡puaj!	¡qué extraño!
pudín	con salsa	¡qué sorpresa!	
dulces	con vino		
pan			

Inventa otros ejemplos.

Ejemplo

5 ¿Qué se hace?

¿Qué se hace en tu familia para las Navidades?

a Escribe al menos cinco cosas.

Ejemplo En mi familia se celebra el 25 de diciembre; no se va a la iglesia...

b Compara con tu pareja.

¿Qué diferencias hay entre España y Gran Bretaña?

Ejemplo En España se celebra el 24 de diciembre; se va a la iglesia más...

Se celebra.../ No se celebra...	con la familia el 24 de diciembre	
Se va/No se va	a la iglesia a la mezquita al templo	
Se hace/No se hace Se come/No se come	una comida una salsa un pan un pudín	especial típica típico
Se bebe/No se bebe Se gasta/No se gasta	más menos mucho	
Se ve/No se ve	la televisión	
Se sale/No se sale	con los amigos	
Se visita/No se visita	la familia	

6 Gran concurso de las fiestas en Radio Sol

◆ ¿Qué sabes de tu cultura? ... ¿Y de otras culturas?

a Utiliza tu diccionario y busca las palabras que no conoces.

b Lee y empareja las fiestas (**a–h**) con las descripciones (**1–8**). *Ejemplo* **1g**.

1 Se celebra con procesiones, fuegos artificiales... y un dragón. Es en invierno.

2 Se celebra en otoño. Se va al templo. Es una fiesta religiosa muy importante para las personas que pratican la religión Sikh.

3 Es una fiesta religiosa hindú. Es la fiesta de luces. Se va al templo. Es en otoño.

4 La fiesta religiosa cristiana de la muerte de Cristo se celebra en primavera. Se celebra siempre el mismo día de la semana. Se va a la iglesia.

5 Es una fiesta religiosa muy importante para los musulmanes. Durante un mes, no se come ni se bebe durante el día. Todos los días se va a la mezquita. Al final se come una comida especial con la familia.

6 Es una fiesta religiosa cristiana. Se celebra el nacimiento de Cristo en invierno. Se visitan los amigos, se envían muchas tarjetas, se gasta mucho dinero. Se dan regalos.

7 Es la fiesta internacional del trabajo. Se celebra en primavera, siempre en la misma fecha.

8 Es una fiesta religiosa judía. Se celebra la salida de los judíos de Egipto. Se come una comida típica con la familia.

a Diwali  **b** 1 de mayo  **c** El cumpleaños del Guru Nanak

d El Viernes Santo **e** Ramadán **f** La Pascua de los judíos

g La fiesta del año nuevo chino   **h** El día de Navidad

¿Has terminado? Pide las respuestas a tu profe.

¿Cuántos puntos?
0–2: Eres demasiado egoísta. Tienes que interesarte por los demás.
3–5: Está bien. Te interesas bastante por los demás.
6–8: Enhorabuena: Eres extrovertido. Te interesas mucho por los demás.

c Utiliza el concurso y el cuadro en la página 55 para describir estas fiestas.

1 El día de Reyes   **2** El Año Nuevo en España   **3** El día de Navidad

Ejemplo **1** Se celebra el día de Reyes el 6 de enero. Los Reyes Magos traen los regalos...

Las fiestas de España

Todas las ciudades y pueblos de España tienen un santo patrón o una santa patrona que protege y ayuda a los habitantes. Cada santo tiene un día especial del año. Cuando llega este día, los habitantes celebran fiestas en la ciudad. Adornan la ciudad, montan ferias, hacen procesiones con música y fuegos artificiales. Por la noche los habitantes salen a la calle, comen, beben, y bailan.

El patrón de Valencia es San José. Los valencianos celebran su día especial el 19 de marzo con las Fallas. Son unas fiestas de origen medieval. Las Fallas son estatuas enormes de madera y cartón que representan personas famosas. Al final de las fiestas, los valencianos prenden fuego a casi todas las Fallas.

El patrón de Pamplona es San Fermín. Los habitantes celebran sus fiestas, los sanfermines, del 7 al 14 de julio. Todos los días a las ocho de la mañana se ven muchos toros en las calles de la ciudad. Los toros corren, los jóvenes corren delante de los toros. ¡Es bastante peligroso!

La patrona de Zaragoza es la Virgen del Pilar. Los zaragozanos celebran su fiesta el 12 de octubre. Van a la catedral y ofrecen flores a la estatua de María. Bailan bailes típicos como la jota. También en este día los españoles celebran el día Nacional.

7 ¿Cómo celebran las fiestas?

♣ Lee el cuadro y completa el resumen. *Ejemplo* **1** tienen.

Todos los santos patrones españoles …(**1**)… un día especial.
…(**2**)… procesiones.
Por la noche …(**3**)… a la calle.
…(**4**)… …(**5**)… y bailan.
Los valencianos …(**6**)… la fiesta de San José el 19 de marzo.
Las Fallas …(**7**)… de origen medieval.
Del 7 al 14 de julio, los pamplonicos …(**8**)… muchos toros en la calle.
Los zaragozanos …(**9**)… a la catedral y …(**10**)… bailes típicos como la jota.

| celebran |
| bailan |
| beben |
| comen |
| salen |
| hacen |
| tienen |
| son |
| ven |
| van |

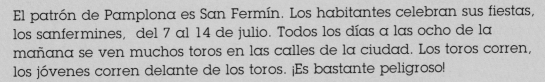

	Regulares		Irregulares	
	-ar	-er,-ir	ir (to go)	ser (to be)
ellos/as/Uds	celebr**an**	v**en**, sal**en**	van	son

4 Acción: lengua

How to ... • say what we do

¿Preparados?

Elige el verbo correcto para completar las frases.

> Aquí en México, se (**celebro / celebra**) mucho las Navidades. Mi madre y yo (**vamos / van**) a la iglesia el veinticuatro de diciembre y (**adornamos / adornan**) el belén con flores. Luego (**va / vamos**) al mercado: yo (**compro / compra**) un pan especial y mi madre, el pavo. Mis tíos, que viven en Galicia en el noroeste de España (**envía / envían**) turrones y polvorones para la fiesta. Normalmente, se (**bebe / bebemos**) mucho vino y champán para celebrar el nacimiento de Cristo.

¿Listos?

	comprar	comer	salir
yo	compro	como	salgo*
tú	compras	comes	sales
él, ella, Ud	compra	come	sale
nosotros	compramos	comemos	salimos
vosotros	compráis	coméis	salís
ellos/as, Uds	compran	comen	salen

*irregular

Compramos regalos.
We buy presents.

¿**Coméis** algo especial?
Do you eat anything special?

Salen a la calle
They go out onto the street.

Se celebran las Navidades.
They celebrate/one celebrates Christmas.

Se come un pudín típico
They eat/one eats a typical pudding.

¡Ya!

◆ Completa la descripción: elige el verbo correcto. ¡Cuidado! Sobran dos.

En Nochebuena ...**(1)**... la casa con flores y tarjetas de Navidad. En España, ...**(2)**... un belén. No ...**(3)**... calcetines - el 6 de enero, ...**(4)**... zapatos debajo del pino para los Reyes Magos. El día de Navidad, se ...**(5)**... una comida especial. De postre, ...**(6)**... dulces típicos - turrón, yemas, y el pan de Cádiz. Se ...**(7)**... mucho vino. En total, ¡se ...**(8)**... mucho dinero!

hacéis
bebe
ponemos
hace
colgamos
bebemos
adornamos
gasta
comemos
montamos

♣ Maite habla a Iain, un chico escocés. Rellena los huecos con el verbo correcto.

MAITE: Iain, ¿es verdad que se (*celebrar*) mucho el Año Nuevo en Escocia?

IAIN: Pues, sí. Nosotros (*celebrar*) las Navidades pero el Año Nuevo es casi más importante.

MAITE: ¿Qué (*hacer*) vosotros?

IAIN: Por la tarde, nosotros (*ir*) a la casa de unos amigos y (*comer*) algo especial - pavo o pato. Luego se (*ver*) un poco la televisión hasta medianoche.

MAITE: ¿Es verdad que se (*beber*) mucho vino?

IAIN: Bueno, el whisky es más tradicional. A medianoche, se (*cantar*) *Auld Lang Syne* y luego se (*visitar*) la casa de los vecinos.

3–4 · Lectura y Proyectos

El origen del fútbol en España

El fútbol llegó a España de Gran Bretaña en el siglo XIX. Los dos clubs de Sevilla: el Sevilla FC y el Real Betis Balompié, son de los más antiguos...

¡Escenas extraordinarias en el sur de España!

Los trabajadores británicos de las minas Río Tinto, en su tiempo libre, persiguen (como locos) un balón ...

La imagen de los hombres británicos en pantalones cortos choca con las ideas más conservadoras de nuestra sociedad ...

Hoy, 12 de marzo de 1890 en Sevilla: un partido de 'football' entre el equipo de Huelva, y el equipo de Sevilla (con la ayuda de jugadores ingleses) ...

1905 ¡Con qué ilusión se celebró este año la creación del club de 'football' el 'Sevilla FC' ...!

Parte del himno actual del equipo de fútbol del Real Betis Balompié, Sevilla:

Himno

Aquí estamos todos para cantarte tu canción,
estamos apiñados como balas de cañón,
y es que no hay quien pueda con esta afición,
que aunque último estuviera siempre Betis campeón.

¡Betis, Betis, Betis!
Ahora Betis, ahora, no dejes de atacar,
¡ahora, Betis, ahora porque el gol ya va a llegar!
¡Betis, Betis, Betis!

LA FIEBRE DEL FÚTBOL

¡Nuevo equipo de 'football' aquí en Sevilla! El equipo 'El Balompié', formado por un grupo de jóvenes de la Escuela Politécnica...

La Mezquita de Córdoba

Córdoba es una ciudad preciosa. Está situada en el sur de España, bastante cerca de Sevilla. Igual que Sevilla, Córdoba está junto al río Guadalquivir. Hay mucha cultura y mucha diversión. Hay mucho turismo, y mucha artesanía. Hay pequeñas casas blancas y muchísimas flores. Hay una fortaleza árabe, un puente romano ... y una mezquita enorme con muchísimos pilares. Y lo más raro es que en el centro de la mezquita musulmana ¡hay una catedral cristiana! ¿Por qué?

El año 785...

Córdoba es una ciudad árabe muy importante con casi un millón de habitantes. Es un centro importante del mundo árabe. En esta época muchos científicos y filósofos viven en Córdoba. Árabes, judíos y cristianos viven juntos. Hay mezquitas, iglesias y sinagogas...En la mezquita enorme se celebran fiestas religiosas musulmanas.

Pero más tarde los españoles expulsan a los árabes que vuelven a África. En el año 1236, los cristianos transforman la Mezquita en catedral y ahora se celebran allí fiestas religiosas de origen cristiano.

1 ¿Qué hacéis en vuestro tiempo libre?

Diseña un cuestionario: mira el ejemplo de abajo. Hazlo en ordenador, si quieres. Da el cuestionario a diez o más personas de tu clase. Analiza los resultados: dibuja una gráfica.

 # TU TIEMPO LIBRE

CUESTIONARIO

¿Qué deportes te gustan?

Escribe:

pr	= practico
np	= no practico
gv	= me gusta ver

1 el alpinismo

2 el ciclismo

3 la equitación

4 el esquí

5 el fútbol

6 la gimnasia

7 el hockey

¿Qué otras cosas haces?

Escribe:

td	= todos los días
2v	= dos o tres veces a la semana
1v	= una vez a la semana
fs	= el fin de semana
1m	= una vez al mes
nu	= nunca

1 Practico informática   *2v*

2 Escucho música

3 Escucho la radio

4 Veo la tele

2 Para hacer una escena de Navidad

a Toma una hoja de cartón, unas tijeras y unos lapices de color.

b Dibuja un establo, María, José, el bébé Cristo, los tres reyes, unos pastores y unos animales. Ver el ejemplo a la derecha.

c Colorea.

d Corta.

¡Ya está!

La comida

5

Objetivo A **¿Cuándo comes?**
Objetivo B **¿Qué tomas?**
Objetivo C **¿Cómo es?**

5A OBJETIVO
¿Cuándo comes?

Hay problemas en la casa de los abuelos.

¡Tomás!

¿Cuándo desayunas normalmente, abuelo?

Más tarde...

¡Tomás! ¡Maite!

En México, ¿A qué hora comes?

Normalmente como a las dos.

Yo siempre desayuno a las siete.

Siempre como a la una y media.

A las dos y cuarto.

Más tarde...

Son las cinco.... vamos a merendar ...¡ay!

Pero... yo siempre meriendo a las cuatro.

Más tarde...

¡Tomás!

¡Maite!

¡Qué desastre! ... ¿Cuándo cenas normalmente?

A las diez.

Y yo a las diez y media.

Yo ceno siempre a las diez menos cuarto.

1 Problemas

◆ Escucha y lee.

Empareja la pregunta y la respuesta.   *Ejemplo* **1b**

1	¿Cuándo desayunas?	**a**	Como a las dos y cuarto.
2	¿A qué hora comes?	**b**	Desayuno a las siete.
3	¿A qué hora meriendas?	**c**	Ceno a las diez y media.
4	¿Cuándo cenas?	**d**	Meriendo a las cuatro.

♣ Mira ◆. ¿Quién contesta: el abuelo, la abuela, Maite o Tomás?

Ejemplo **a** Maite.

2 ¿A qué hora comes?

Túrnate con tu pareja. Utiliza las preguntas de la actividad 1.

A ¿A qué hora meriendas?

B Meriendo a las cinco.

3 ¿Dónde comen?

◆ ¿Dónde comen? Escucha y apunta la letra correcta de las frases **a–f**.   *Ejemplo* **1c**

a en la cafetería   **b** en el comedor   **c** en la cocina
d delante de la tele   **e** en la cantina   **f** en el salón

♣ Haz ◆. ¿Qué dicen? Apunta la letra correcta.

A desayuno   **B** como   **C** meriendo   **D** ceno.

Ejemplo **1c** A

4 ¿Dónde y cuándo comes?

◆ Trabaja con tu pareja.

A ¿Dónde comes?

B En la cafetería.

REPASO

A ¿Cuándo comes allí?

B Como en la cafetería entre semana.

| entre semana | el fin de semana |
| en las vacaciones | |

Entre semana meriendo en el insti.

5 Una carta

◆ **a** Lee la carta de Tomás. Rellena los huecos con la palabra correcta.

¡Hola Pilar!

¿Qué tal? ...(1)...aquí en Barcelona con los abuelos. Los ...(2)... son muy amables, pero es un poco difícil.

Sabes que en Sevilla desayuno, como, meriendo y ceno ...(3)... de la tele. Aquí, todos los días desayuno a las ...(4)... en la cocina — con los abuelos. Como ...(5)... la una y ...(6)... en el comedor — con los abuelos. Meriendo a las cinco en la ...(7)... — con los abuelos. Y ¿dónde ceno? — ...(8)... siempre a las diez menos cuarto en el comedor — ...(9)... los abuelos.

No puedo ver la ...(10)... no puedo leer mi revista favorita ¡Qué asco! Tengo ganas de volver a Sevilla.

Besos,

Tomás

ceno
delante
siete
tele
estoy
media
con
abuelos
cocina
a

b Escribe las respuestas de Tomás a las preguntas de Pilar.

Ejemplo **1** Desayuno a las siete.

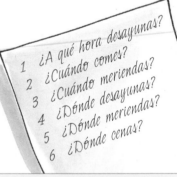

1 ¿A qué hora desayunas?
2 ¿Cuándo comes?
3 ¿Cuándo meriendas?
4 ¿Dónde desayunas?
5 ¿Dónde meriendas?
6 ¿Dónde cenas?

¿A qué hora...	desayunas?	Desayuno	a la (una), a las (dos) y media
¿Cuándo	comes?	Como	en la cantina/cafetería del insti
¿Dónde...	meriendas?	Meriendo	en el comedor/en la cocina
	cenas?	Ceno	en el salón/ delante de la tele

6 Respuestas

◆ ¿Y tú, cuándo y dónde comes? Trabaja con tu pareja.

A

¿A qué hora desayunas? Desayuno a las siete y cuarto. **B**

¿Dónde desayunas? Desayuno en la cocina.

7 Una postal

◆ Escribe a Pilar. Contesta a las preguntas de la actividad **5b**.

Ejemplo

Querida Pilar, desayuno a las seis y media

8 Una entrevista

♣ Radio Sol entrevista a Carmina y Michael.

a Lee y escucha el artículo. Busca las palabras que no conoces en la sección de vocabulario.

RS:

Carmina, ¿dónde, y a qué hora sueles comer?

Carmina:

De lunes a viernes trabajo toda la noche en Urgencias. Suelo cenar a las nueve y entonces me voy al hospital. Trabajo desde las diez hasta las siete. A las tres de la mañana generalmente meriendo algo en la cantina. A las siete de la mañana suelo volver a casa, para desayunar y descansar. ¡Qué vida tan extraña!

RS:

Michael, ¿cuándo y dónde sueles comer?

Michael:

Soy piloto de líneas aéreas, y mi horario cambia mucho. Por ejemplo, en este momento, suelo llegar al aeropuerto de Manchester a las tres de la mañana. Suelo desayunar en la cantina a las cuatro, y después salgo para los Estados Unidos. Suelo llegar a Nueva York a las once y media, hora británica. Pero en Nueva York, son las seis y media. Desayuno otra vez. Continúo hasta la ciudad de México. Suelo llegar a las seis de la tarde, hora británica, a la una, hora neoyorquina y a las once, hora mexicana. ¿Qué hago? ¿Ceno, como o desayuno?

 ♣ ¿Y tú?

b Trabaja con tu pareja. Prepara una entrevista. Grábala para la radio y escríbela para una revista.

A ¿Cuándo y dónde sueles desayunar?

B Entre semana suelo desayunar a las siete en la cocina...

9 Un reportaje

♣ La reportera prepara un artículo, pero hay errores en sus notas.

a Para cada frase escribe **verdad** (V) o **mentira** (M). *Ejemplo* **1** V.

b Corrige las frases falsas.

1 Carmina suele merendar en la cantina de Urgencias.

2 Carmina suele volver a casa a las seis.

3 Carmina suele trabajar desde las siete hasta las diez.

4 Michael suele llegar a Nueva York a las once y media, hora neoyorquina.

5 Michael suele desayunar dos o tres veces por día.

suelo	desayunar	a la (una)
sueles	comer	a las (dos)
suele	merendar	en (la cantina)...
	cenar	

5B OBJETIVO
¿Qué tomas?

 OFERTAS

1 el yogur   **2** el helado

 1 ¿Dónde está?

Escucha y lee
los nombres de
los alimentos.

3 la mantequilla   **4** el arroz   **5** las peras   **6** los plátanos

7 la lechuga   **8** los guisantes   **9** las gambas   **10** el pollo

11 la miel   **12** las galletas   **13** los bollos   **14** el zumo de
melocotón

2 Los anuncios

Escucha y rellena los huecos con el alimento correcto de arriba.   *Ejemplo* **a** el yogur.

*Para el desayuno, el …(**a**)…y los …(**b**)…
son fenomenales con …(**c**)… y…(**d**)…. Y
para beber, el …(**e**)… es muy refrescante.*

*Para merendar, los …(**i**)…, las …(**j**)…
y las …(**k**)…son deliciosos.*

*Para comer, el …(**f**)…es muy rico y los
…(**g**)… y la …(**h**)… son muy baratos.*

*Para cenar, sugerimos las …(**l**)… y el …(**m**)…
y luego un …(**n**)… de chocolate o café.*

3 ¿Qué compras hoy?

◆ Teresa y Carmina están en el supermercado. ¿Qué compran? Apunta el número correcto.
Ejemplo   Teresa 4…   Carmina 13…

♣ Escucha y lee las frases **1**–**6**. ¿Quién habla: Carmina, Juan, Teresa o Isabel?
Ejemplo **1** Teresa.

1 Necesito arroz.   **3** Meriendo galletas.   **5** Quiero una lechuga.
2 Desayuno yogures.   **4** Desayuno bollos.   **6** Meriendo plátanos - ¡me chiflan!

4 ¿Qué tomas?

Trabaja con dos o tres personas.

 A   *¿Qué desayunas, B?*   *Tomo un bollo con miel.*   **B C**   *Meriendo galletas.*

Táctica: lengua		
Termina en…	Se pronuncia	¿Cómo se pronuncia?
-a, -e, -i, -o, -u	co/**mi**/da, de/sa/**yu**/no	¿le/chu/ga?
-n	**co**/men	¿gui/san/tes?
-s	pol/vo/**ro**/nes	¿za/na/ho/ria?

En casa de Isabel, Gary tiene problemas.

¡Hola, Mamá! Oye Gary, ¿te gustan las gambas?

No.

¿No comes gambas?

¿Te gusta el pollo?

No.

¿No comes pollo?

¿Te gustan los guisantes… y el arroz?

……No.

¿No comes guisantes, ni arroz?

¿Qué comes generalmente?

Helados y… galletas…

Hmm. ¡Las galletas! ¡Ya lo veo!

¿Qué bebes, Isabel?

Bebo agua… Toma Gary, prueba …¿Te gusta?

Mmmm… es muy rico. ¿Qué es?

Es una paella. ¡Hay pollo, arroz, guisantes y gambas!

5 ¿Qué comes, Gary?

Lee la lista de Teresa. ¿Come Gary normalmente los alimentos **1–10**? Escribe sí ✔, no ✘ o no se sabe **?**.

6 Y tú, ¿qué comes?

a ¿Qué alimentos comes? Túrnate con tu pareja.
Mira la actividad 1.

A ¿Comes yogur?

B No, no como yogur.

b ¿Qué alimentos te gustan y no te gustan?

A ¿Te gusta el arroz?

B Sí, me gusta el arroz.

(no) me gusta el….. /la……
(no) me gustan los ………/las………..

♣ REPASO No olvides los alimentos que ya conoces. *Ejemplo* ¿Te gusta el pescado?

1 arroz	✘
2 guisantes	
3 lechuga	
4 pollo	
5 gambas	
6 galletas	
7 mantequilla	
8 plátanos	
9 helados	
10 yogures	

7 REPASO *Trabajo de memoria*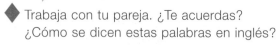

◆ Trabaja con tu pareja. ¿Te acuerdas?
¿Cómo se dicen estas palabras en inglés?

a Prepara una lista. ¡Tienes cinco minutos!
¡No utilices el diccionario!

Ejemplo pan *bread*

b ¿Cuántos puntos tienes?
Ahora busca las palabras que no conoces en la sección de vocabulario.

aceite	gazpacho	pastel
ajo	granizado	pescado
bocadillo	huevo	pimiento
cebolla	jamón	queso
cerdo	leche	tortilla
cruasán	manzana	tomate
ensalada	naranja	

♣ ¿Masculino o femenino? *Ejemplo* pan (*m*)

8 La paella

◆ Ahora a Gary le interesa la comida española. Rellena los huecos en el artículo.

La paella es la especialidad de Valencia. Es el plato más famoso de España. Se ponen

muchos ingredientes diferentes. Se prepara con el . Normalmente contiene

una , el , unas , el y el .

Algunas veces contiene también el , el , unos  ,

unos , y un .

Otro ingrediente muy importante es el azafrán.

9 El rap de los alimentos

◆ Haz el rap en tu clase.

10 ¿Qué comes normalmente?

◆ Prepara una descripción de lo que comes en un día típico. También puedes utilizar los
alimentos de la actividad **7**.

Ejemplo Normalmente desayuno huevos fritos con tomates. Bebo zumo de naranja y café.

¿Qué...	desayunas/comes/meriendas/cenas/bebes/tomas?	
desayuno/ como/ceno/bebo/tomo		
helado	mantequilla	bollos
pollo	miel	peras
arroz	lechuga	plátanos
zumo de melototón	carne	gambas
yogur		galletas
pescado		guisantes

11 ¿Qué hay en el libro de recetas?

♣ Es el cumpleaños de Teresa. Isabel y Gary preparan una comida. Pero, ¡el libro de recetas está en pedazos! Empareja cada lista de alimentos con la categoría correcta. Utiliza la sección de vocabulario, si quieres.

Ejemplo **1e**.

1 Sopas y huevos
2 Entremeses
3 Pastas
4 Mariscos
5 Pescados
6 Carnes
7 Legumbres
8 Verduras
9 Postres
10 Frutas

a la ensalada los guisantes

b el flan, el yogur, el pastel

c los calamares, las gambas

d la lasaña, el espagueti.

e la tortilla, el gazpacho

f los melocotones las fresas

g el jamón, el chorizo

h el bacalao, las sardinas

i el cerdo, el pollo, el bistec

j las zanahorias, las alubias

12 ¿Qué foto?

♣ Busca la categoría correcta para cada foto.

13 ¿Qué hay en la foto?

♣ Prepara una lista de los ingredientes en cada foto.

a

b

c

14 ¿Qué más?

♣ Prepara una lista de categorías ¿Conoces otros alimentos? Escríbelos en la categoría correcta. Puedes utilizar el diccionario.

Ejemplo Frutas: peras, manzanas, ciruelas.

15 El menú de cumpleaños

♣ Prepara un menú para un cumpleaños.

SOPAS Y HUEVOS
Tortilla de queso
Sopa de tomates

ENTREMESES
Hamburguesa y patatas fritas
Pizza

POSTRES
Helados (varios)
Pastel de cumpleaños

5C OBJETIVO
¿Cómo es?

Teresa lee un artículo. ¡Hay sorpresas!

> ¡Mira, Gary! En España se toma menos azúcar, se toma menos sal, se come menos mantequilla, se come menos helado, pero se come más fruta, ...y más ajo!

¿Más + o menos –?

En España	En Gran Bretaña
– azúcar	+ azúcar
– sal	+ sal
– mantequilla	+ mantequilla
– helado	+ helado
+ ajo	– ajo
+ fruta	– fruta

+ aceite	– aceite
+ vino	– vino

> Es verdad, pero mira, Mamá, aquí se toma más aceite….. y se bebe más vino.

1 ¿Más o menos?

◆ Apunta si las frases de abajo son **verdad** (V) o **mentira** (M). *Ejemplo* **1**M.

En España ...

1 Se toma más azúcar.
2 Se toma menos sal.
3 Se come menos mantequilla.

4 Se come menos fruta.
5 Se come más ajo.
6 Se bebe más vino.

♣ Corrige las frases falsas.

2 ¿Y en Gran Bretaña?

Escribe la verdad para Gran Bretaña.

Ejemplo En Gran Bretaña se toma más azúcar, se toma…

3 Juego

◆ ¿En España o en Gran Bretaña se toma más o menos? Trabaja en grupo.

♣ Haz una frase entera. *Ejemplo* En Gran Bretaña se toma menos aceite.

4 ¿Cómo es?

a Escucha la conversación entre Carmina, Gary e Isabel. ¿Qué opina Gary? Empareja correctamente las dos partes de las frases. *Ejemplo* **1c**

1 El desayuno en España	**a**	es más fuerte. Se come más carne.
2 La comida en Gran Bretaña	**b**	es más sana. Se come más fruta.
3 La merienda en España	**c**	es más ligero. Hay menos cantidad.
4 La cena en Gran Bretaña	**d**	es menos sana. Contiene mucho azúcar.

b ¿Cómo se dice en inglés? Apunta la palabra inglesa.
Ejemplo el desayuno – *breakfast*.

el desayuno	ligero	la cena	sano/a	la merienda	fuerte	la comida

5 ¿Qué diferencias hay?

Lee el fin del artículo y rellena los huecos.

Ejemplo **1** comida

toma	la	contiene	bebe
desayuno	come	diferencias	
comida	menos	menos	

¿Cómo es la …(**1**)…en Gran Bretaña? Pues es muy buena, pero hay…(**2**)… Por ejemplo, el …(**3**)…es más fuerte y la merienda es…(**4**)… sana. En Gran Bretaña normalmente …(**5**)… comida …(**6.**)..menos ajo, y … (**7**)… aceite. Se …(**8**) … más azúcar. Se …(**9.**)… menos fruta. No se …(**10**)… mucho vino.

¿cómo es la comida en España?			
¿qué diferencias hay entre (el desayuno) en España y en Gran Bretaña?			
el desayuno la comida la merienda la cena	es	más/menos	ligero/a, sano/a, fuerte
	contiene	más/menos	sal, aceite, ajo, fruta, vino, azúcar, cantidad
en España en Gran Bretaña	se toma se come, se bebe		

6 Entrevista con una estrella

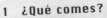

◆ El cantante, Guido Guisante está en Gran Bretaña. Begoña Bravo entrevista a Guido. Pero, ¿qué pasa? Aquí están las respuestas de Guido. Busca la pregunta correcta para cada respuesta. *Ejemplo* **1d**

1 ¿Qué comes?
2 Y ¿dónde comes al mediodía?
3 Y ¿cuándo cenas?
4 ¿Cenas delante de la tele, no?
5 ¿A qué hora desayunas?
6 ¿Es verdad que se come menos ajo en Gran Bretaña?
7 ¿Qué diferencias hay entre la comida en Gran Bretaña y en España?
8 ¿Qué desayunas?
9 ¿Cenas mucho?

a Pues, normalmente desayuno a las once.
b Tomo un desayuno ligero - como dos o tres bollos con mantequilla y miel, un plátano, y un yogur. Y bebo zumo de melocotón y café.
c Como en la cantina del teatro.
d Como gambas con guisantes y arroz, y un helado.
e Ceno a la una o las dos de la mañana.
f Sí, prefiero cenar delante de la tele.
g No, prefiero una cena sana. Por ejemplo, tomo pollo con una ensalada de lechuga, y fruta - me chiflan las peras.
h Pues en España la comida contiene más aceite y más ajo - y se bebe más vino ¡claro!
i Sí, es verdad. ¡Qué lástima!, el ajo es muy sano.

7 Las notas

◆ Completa las notas de Begoña.

Ejemplo El desayuno: ¿A qué hora .....?
11.00

8 Te toca a ti

♣ ¿Y tú? Contesta a las preguntas de Begoña. Prepara una entrevista. Grábala.

El desayuno — ¿A qué hora? _____
               ¿Qué? _____

La comida — ¿Dónde? _____
             ¿Qué? _____

La cena — ¿Cuándo? _____
           ¿Dónde? _____
           ¿Qué? _____

9 ¿Cómo es? ¿Prejuicio o realidad?

♣ Los británicos que no han visitado España tienen a veces opiniones extrañas sobre las costumbres españolas.

> *En toda España siempre se desayuna la paella.*

Esto no es una realidad. Es un prejuicio.

¿Y qué son las realidades?

> *En España se come paella a veces.*

> *En España no se come paella todo el tiempo.*

> *La paella no se toma en el desayuno, se toma en la comida o en la cena.*

> *En el interior no se come tanta paella como en la costa.*

Los españoles que no han visitado Gran Bretaña también tienen a veces opiniones extrañas. Empareja los prejuicios con las realidades.

Prejuicios	Realidades
1 El inglés típico suele beber té todo el día.	**a** No se come tanto ajo como en España.
2 En Gran Bretaña siempre se desayuna tocino y huevos fritos.	**b** No se come tanto arroz de plato principal como en España. También se come arroz de postre.
3 En Gran Bretaña no se come ajo ni aceite.	**c** Algunas veces se desayuna tocino y huevos fritos. Pero normalmente el desayuno es más ligero.
4 El inglés típico suele comer carne, legumbres y postres en el mismo plato.	**d** La carne y los legumbres se comen en el mismo plato pero el postre se come separadamente.
5 En Gran Bretaña se come lechuga sin aliño.	**e** Se bebe más té que en España. No se bebe tanto café como en España.
6 En Gran Bretaña sólo se come el arroz de postre.	**f** Se come pudín en algunas comidas típicas, en las Navidades, por ejemplo.
7 El pudín se come en todas las comidas.	**g** Ahora la ensalada con aliño se come mucho más.

se toma	más ajo menos fruta	que	en Gran Bretaña
no se toma	tanto ajo tanta fruta	como	en España

10 Otras realidades

♣ Completa las frases con *tanto/tanta* o *más/menos*.   *Ejemplo* **1** tanta.

Gran Bretaña no produce ...(**1**)...fruta como España.
En Gran Bretaña no se come...(**2**)...pescado como en España.
En España la comida de mediodía es ...(**3**)...fuerte que en Gran Bretaña.
En Gran Bretaña a veces se desayuna ...(**4**)... que en España.
El plato típico inglés no contiene...(**5**)...ajo como el plato típico español.

Acción: lengua

How to ... • say more or less than

● ¿Preparados?

Mira la página 70. Rellena los huecos con la palabra correcta.

En España se toma
... (**1**) ... azúcar.

Se come
... (**2**) ... helado

Se bebe
... (**3**) ... vino.

● ¿Listos?

sustantivos	En España, se toma más **fruta** que en Gran Bretaña. La comida en España contiene más **ajo** que en Gran Bretaña.

adjetivos	**El** desayuno en España es más **ligero** que en Gran Bretaña. **La** merienda en España es más **sana** que en Gran Bretaña.

● ¡Ya!

◆ **a** Completa las frases con *más* (↑) *que* o *menos* (↓) *que*

b Para cada frase escribe **verdad** (V) o **mentira** (M).

Ejemplo **1** V. En España se come más ajo que en Gran Bretaña. (V)

En España se come (↑) ajo...(**1**)...en Gran Bretaña.
En Gran Bretaña se bebe (↓) té...(**2**)...en España.
En España se bebe (↓) vino...(**3**)...en Gran Bretaña.
La comida en España es (↑) ligera...(**4**)...en Gran Bretaña.
En Gran Bretaña se toma (↑) fruta...(**5**)...en España.
En Gran Bretaña se cena (↓) tarde...(**6**)...en España.

♣ Une las dos frases para hacer una sola frase.

Ejemplo
La comida en España tiene sal. La comida en Gran Bretaña tiene menos sal.
La comida en Gran Bretaña tiene menos sal que en España.

1 En Gran Bretaña se come fruta. En España se come más fruta.
2 En España la merienda es sana. En Gran Bretaña la merienda es menos sana.
3 La comida española contiene ajo. La comida inglesa contiene menos ajo.
4 En Gran Bretaña se bebe té con leche. En España se bebe menos té con leche.
5 La comida española es picante. La comida inglesa es menos picante.
6 En España se come pan. En Gran Bretaña se come menos pan.

La rutina

Objetivo A ¿Estás estresado?
Objetivo B ¿Qué haces?
Objetivo C ¿A qué hora? ¿Cuándo? ¿Qué?

6

6A
OBJETIVO
¿Estás estresado?

En la cafetería, José Luis lee un artículo sobre el estrés a Isabel y a Gary.

1 El estrés físico

¿Quién es – ¿Gary, Isabel o José Luis?   *Ejemplo* **1** José Luis.

1 Soy adicto a la cafeína.
2 Soy adicta al chocolate.
3 Soy adicto a los refrescos.
4 Me gusta la comida sana.
5 Me gusta la comida rápida.

6 Me gusta la comida basura.
7 Estoy muy estresada.
8 No estoy estresado.
9 No duermo bastante.

2 En tu clase

Copia las palabras a la derecha. Haz una encuesta.
Pregunta a tus compañeros y pon ✔

¿Estás estresado?   ¿Estás estresada?

un poco   ✔✔
bastante
muy   ✔
tal vez   ✔
de vez en cuando

3 El estrés emocional y laboral

◆ Escucha: ¿qué problemas tienen las personas **a–f**?
Escribe el número de la foto.

Ejemplo **a** foto 3.

♣ Haz ◆. ¿Qué tipo de estrés les afecta?
Escribe **e** (emocional), **l** (laboral) o **f** (físico).

Ejemplo **a** foto 3, **e**.

1 *Tengo problemas con mis amigos.*

2 *Tengo problemas con mi novia.*

3 *Tengo problemas con mis padres.*

4 *Tengo problemas con mis estudios.*

4 Con tu pareja

Entrevista a tres o cuatro amigos sobre el estrés físico, emocional o laboral.

◆ **A** pregunta; **B** contesta *no, un poco, bastante, mucho, de vez en cuando*

♣ **A** pregunta; **B** contesta y explica los síntomas.

¿Te afecta el estrés físico?

Un poco.

¿Te afecta el estrés físico?

Un poco. Soy adicto al chocolate.

¿te afecta ...?	sí / (no) me afecta ...mucho, bastante, un poco, tal vez, de vez en cuando	
el estrés físico	(no)	me gusta la comida rápida / basura / sana soy adicto/a al chocolate, a la cafeína, a los refrescos duermo bien / bastante
el estrés emocional el estrés laboral	(pero)	tengo problemas con mis amigos, con mis padres, con mi novio/a tengo problemas con mis estudios
¿estás estresado/a?	sí / (no) estoy (muy) estresado/a	

📖 5 ¡Tomás está estresado!

◆ Lee la carta de Tomás a Isabel. Utiliza la sección de vocabulario. Haz actividades **a** y **b**.

a Rellena los huecos correctamente. *Ejemplo* **1** tal.

¿Qué ...(**1**)... en Sevilla? ¡Aquí en Barcelona, fatal! Estoy muy ...(**2**)..., Isabel. ¡Es que estoy enamorado de Maite! ¿Qué sorpresa, eh? Normalmente me gusta la ...(**3**)... sana, pero soy adicto a la ...(**4**).... ¡Bebo seis o siete ...(**5**)... al día! No sé si Maite me quiere o no: ¡sufro mucho! También tengo ...(**6**)... con los abuelos. La abuela no está contenta porque me gusta la comida ...(**7**)...: chocolate, bonbones y patatas fritas. Encima, no ...(**8**)... mucho. ¡Soy un desastre! No me afecta el estrés ...(**9**)..., ¡pero el ...(**10**)... emocional es terrible! ¿Qué tal tu amigo Gary?

Un abrazo de tu hermano,

físico
problemas
comida
estresado
cafés
estrés
basura
tal
cafeína
duermo

b Elige la respuesta correcta en los comentarios de Tomás. *Ejemplo* **1 c**

1	Estoy	**a**	bien	**b**	estupendo	**c**	estresado
2	Me gusta	**a**	la comida sana	**b**	la comida rápida	**c**	la comida basura
3	Soy adicto	**a**	al chocolate	**b**	a la cafeína	**c**	a los refrescos
4	Tengo problemas	**a**	con los abuelos	**b**	con Maite	**c**	con los padres
5	Duermo	**a**	mucho	**b**	poco	**c**	bastante
6	Me afecta el estrés	**a**	laboral	**b**	físico	**c**	emocional

✏️ 6 ¿Y tú?

◆ ¿Estás estresado/a?
¿Qué tipo de estrés te afecta?
Escribe unas líneas.

¡Hola! Me llamo Alex. ¡No sé si estoy estresado o no! No me afecta el estrés emocional: no tengo problemas con mis padres y me gusta mi grupo de amigos. Pero tal vez me afecta el estrés físico – soy adicto al chocolate ...

7 Los problemas de cada día

♣ Lee cómo reaccionan los jóvenes a los problemas de cada día. Haz actividades **a** y **b**.

¿Cómo te afectan los problemas de cada día?

1 ¿Los problemas? Sí, me afectan. Es que no como bien: una tostada a las nueve, una hamburguesa a las diez, patatas fritas a las once … **¡Pico todo el día!**

2 Bueno, no me afectan mucho. **Asimilo bien los problemas.**

3 Pues sí, me afectan mucho. **Asimilo mal los problemas** con amigos, o con mis padres. No como bien, y **duermo mal**.

4 No me afectan mucho. Yo como bien, tres veces al día, y el fin de semana **como en condiciones** con mi familia.

5 A mí me encanta mi vida: **vivo a cien**. No me afectan los problemas de cada día - y de noche, **duermo como un lirón**.

6 Bueno, pues a mí sí, me afecta el estrés. Soy muy desorganizado. Según mis padres y mis profes, **¡estoy en las nubes!**

a ¿Reaccionan de una manera positiva o negativa? Decide. *Ejemplo* **1** negativa.

b Empareja los dibujos *1–8* con las expresiones **en negrita**. *Ejemplo* **1** vivo a cien.

1

2

3

4

5

6

7

8

8 Personalmente…

♣ ¿Cómo te afectan los problemas?
Entrevista a tu pareja.
Graba la conversación o escribe un párrafo.

¿Te afectan los problemas de cada día?	
no me afectan mucho	me afectan mucho
asimilo bien los problemas	asimilo mal los problemas
como en condiciones	pico todo el día
duermo como un lirón	duermo mal
vivo a cien	estoy en las nubes

6B OBJETIVO
¿Qué haces?

Gary e Isabel hablan de su rutina diaria. Escucha y lee.

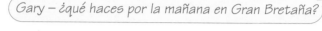

Gary – ¿qué haces por la mañana en Gran Bretaña?

> **Me levanto** a las siete y cuarto.

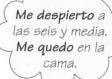

> **Me despierto** a las seis y media. **Me quedo** en la cama.

> **Me lavo los dientes** a las siete y media.

> **Me ducho** o me **baño** a las ocho menos cuarto.

> **Me visto** a las ocho. **Me pongo** el uniforme.

> **Me arreglo** a las ocho.

> **Me voy** al instituto a las ocho y media. **Me quedo** allí hasta las cuatro.

> Vuelvo a casa a las dos.

¿Y qué haces por la tarde?

> **Me relajo** y me **acuesto** a las diez y media.

> **Me relajo** a las diez. ¡Me **acuesto** a las doce!

1 La rutina de Gary e Isabel

Lee las dos rutinas otra vez. Escribe una frase para cada hora.   *Ejemplo* **a** Me relajo.

a 10.00	**c** 2.00	**e** 12.00	**g** 6.30	**i** 10.30
b 7.45	**d** 8.00	**f** 8.30	**h** 7.15	**j** 7.30

2 ¿Quién lo dice?

Túrnate con tu pareja. Utiliza las frases de la actividad 1.

◆ **A** dice una frase; **B** dice quién es.

♣ **A** dice o adapta una frase; **B** la corrige.

Me levanto.

¡Gary!

Isabel dice 'Me despierto a las siete'.

¡No! A las seis y media.

3 ¿Por la mañana o por la tarde?

Escucha a las personas de *1–8*. ¿Hablan de la **mañana** (M) o de la **tarde** (T)?   *Ejemplo* **1** M.

4 ¿Te gusta el instituto?

◆ Escucha y empareja a Consuelo, Inma, Moustafa, Paloma, Raúl y Víctor con los dibujos.

Ejemplo Consuelo **5**

♣ Haz ◆ . ¿Les gusta el instituto? Apunta

Ejemplo Consuelo **5**

1 Me divierto con mis amigos.

2 Me aburro un poco.

3 Me llevo mal con mis profes.

4 Me organizo bien.

5 Me olvido de cosas.

5 Con tu clase

Canta la canción de la rutina.

6 REPASO

◆ ¿Qué otras actividades haces por la tarde? Haz una lista. ◀◀ página 37.

Ejemplo Veo la tele, practico la natación ...

7 Gary escribe a su profe en Inglaterra

6.5

◆ El hermano menor de Isabel rompe la carta de Gary.
Pon los fragmentos en orden.

Ejemplo **4** ...

1
A las cuatro, estudio español. ¡Hago horas de deberes al día!

2
Me acuesto a las once, o a las once y media, y duermo muy bien. ¡Me encanta mi rutina en España!

3
No está mal, el instituto. Me divierto con los amigos de Isabel. Hablo mucho español, pero me olvido de cosas.

4
Me despierto a las seis y media - ¡muy temprano! Me ducho, me lavo los dientes y voy a la cocina.

5
Vuelvo a casa con Isabel a las dos y como con la familia - sopa, un plato principal y fruta o yogur. Después, veo la tele. Es un poco difícil, pero aprendo mucho.

6
Vuelvo a las nueve, y ceno en casa. Luego, escucho música o practico la informática. Quiero mandar una carta a mi clase en Southport por correo electrónico - ¡y todo en español!

7
Desayuno pan con mantequilla y mermelada - ¡no como cereales! Y bebo un zumo de naranja - no me gusta mucho el té español.

8
Por la tarde, me relajo. Salgo con Isabel y sus amigos, voy al cine o al polideportivo, o juego al fútbol en el parque cerca de casa.

9
Me pongo unos vaqueros y un jersey para ir al instituto (no hay uniforme) y luego me voy al instituto con Isabel.

8 ¿Y tú?

◆ **a** Prepara tus respuestas personales a las preguntas de abajo. Practica con tu pareja.

b Haz una descripción de tu rutina diaria. Añade dibujos si quieres.

¡Hola! Me llamo Kate. ¿Mi rutina? Me despierto a las siete ...

¿Qué haces por la mañana?	me despierto, me levanto, me quedo (en la cama hasta las ...) me lavo los dientes, me ducho, me baño, me arreglo, me visto, me pongo (el uniforme), me voy al instituto.
¿Te gusta el instituto?	me divierto (con mis amigos) me aburro, me llevo bien/mal (con mis profes), me organizo bien/mal, me olvido de cosas
¿Qué haces por la tarde?	vuelvo a casa, me relajo, me acuesto.

9 La isla de Vieques

♣ Lali y su hermano Quino son alumnos en el instituto de Isabel: este artículo viene de la revista del instituto. Lee el artículo y haz las actividades.

¡Hola, compañeros! Estamos aquí en Vieques, una isla pequeña y tranquila cerca de Puerto Rico. Nuestro padre es biólogo y vamos a pasar tres meses aquí. La rutina aquí es muy diferente de la de Sevilla. Nos despertamos temprano y nos levantamos a las siete - como de costumbre. Pero el chalé está en la playa, así que nos bañamos en el mar primero. Después, nos duchamos en el jardín (¡la ducha está fuera!) y luego desayunamos en la terraza. No vamos al instituto - nos quedamos en casa y estudiamos con Mamá. De día nos aburrimos un poco porque no tenemos muchos amigos aquí, pero nos llevamos bien con los vecinos - Ana, y su hermano Bernal.

El fin de semana, salimos con Bernal y Ana a la capital *Isabel Segunda*, en el norte. De día, nos divertimos en el campo o en la playa, practicando el windsurf o la equitación. De noche, nos relajamos en un bar. Jugamos al dominó, ¡que es muy popular! Para las fiestas, nos ponemos la camisa típica de aquí, *la guayabera*: es grande y holgada. A veces vamos con Papá de noche a la isla de Culebra para ver las tortugas enormes, y luego nos acostamos tarde a las dos o tres de la madrugada. ¡Vivir aquí es una experiencia inolvidable! Os mando una foto de la isla. Es preciosa...

a Empareja correctamente. *Ejemplo* **1 f**

1	Nos despertamos	**a**	en el mar.
2	Nos levantamos	**b**	tarde.
3	Nos bañamos	**c**	en casa.
4	Nos duchamos	**d**	*la guayabera*.
5	Nos quedamos	**e**	en el campo.
6	Nos llevamos bien	**f**	temprano.
7	Nos relajamos	**g**	un poco.
8	Nos acostamos	**h**	con Ana y Bernal.
9	Nos aburrimos	**i**	a las siete.
10	Nos divertimos	**j**	en un bar.
11	Nos ponemos	**k**	en el jardín.

yo	nosotros
me despierto	nos despertamos
?	nos levantamos

b Copia el cuadro, y complétalo con los verbos *nos ...* de las frases *1–11* de arriba. Escribe también con *me ...*

▶▶ Gramática 21.

10 ¿Y nosotros en Gran Bretaña?

♣ Escribe un artículo para la revista. Describe un día típico en tu país: el fin de semana con tu familia o un día escolar con tus amigos. Utiliza los verbos *me ...* / *nos ...*

6C
OBJETIVO
¿A qué hora? ¿Cuándo? ¿Qué?

Son las once y media de la noche en casa de Isabel. Teresa habla con Gary.

1 ¿Madrugador o trasnochador?

a Escucha y lee.

b Escucha las conversaciones **1–8**.

◆ ¿Madrugador/a o trasnochador/a? Escribe M o T.   *Ejemplo* **1** M.

♣ Haz ◆. Apunta la hora también.   *Ejemplo* **1** M, 6.00.

[6.8] 2 En tu clase

Haz una encuesta.

3 Las quejas de Teresa y Michael

a Lee las quejas y empareja las dos partes de las frases correctamente.   *Ejemplo* **1d**.

b Escucha a Teresa y Michael y verifica. ¿Todo correcto? ¡Excelente!

1 ¿A qué hora te despiertas?	**a** ¡Unos vaqueros viejos y un jersey enorme!
2 ¿A qué hora te levantas?	**b** ¡A las doce!
3 ¿Te duchas o te bañas?	**c** ¡Sí! ¡Sales todos los días!
4 ¿Qué te pones para ir al instituto?	**d** ¡A las seis y media!
5 ¿Te diviertes mucho?	**e** ¡A las ocho!
6 ¿A qué hora te acuestas?	**f** ¡Los dos! Te duchas por la mañana… ¡y te bañas por la tarde!

4 Mis respuestas

◆ Prepara tus respuestas personales a las preguntas
1–6 (actividad 3). ◀◀ página 82.
Ejemplo Me levanto a las siete.

♣ Añade otros detalles. ◀◀ página 37.
Ejemplo Por la tarde, practico la gimnasia ...

Táctica

Utiliza ◀◀ para reciclar.

Es importante practicar.
Es muy importante repasar.
¡Es súper-importante reciclar!

5 Con tu pareja

◆ Túrnate con tu pareja a preguntar y a contestar: utiliza las preguntas *1–6* (actividad 3).

A ¿A qué hora te levantas?

B Me levanto a las ocho.

♣ Añade otros detalles y adapta las preguntas *1–6* (actividad 3).

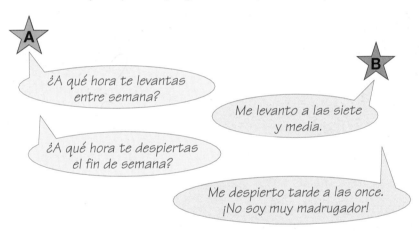

A ¿A qué hora te levantas entre semana?

¿A qué hora te despiertas el fin de semana?

B Me levanto a las siete y media.

Me despierto tarde a las once. ¡No soy muy madrugador!

en general, normalmente, depende, entre semana, el fin de semana, en las vacaciones

6 Preguntas

◆ Escribe las preguntas a las respuestas *1–6*.

1 ¡No! Soy trasnochadora.
2 Me levanto a las ocho.
3 Me baño por la tarde.
4 ¡Sí! Salgo son mis amigos.
5 Una falda y una camisa.
6 A las once o doce de la noche.

¿Eres madrugador/a o trasnochador/a? Soy ...		
¿A qué hora ¿Cuándo	**te** despiert**as** **te** levant**as** **te** acuest**as** **te** duch**as** **te** bañ**as**	para ir al instituto? entre semana? el fin de semana? por la mañana? por la tarde?
¿Qué	**te** pon**es**	
	¿**Te** diviert**es** mucho	con tus amigos?

♣ Inventa más respuestas. Tu pareja inventa las preguntas. ◀◀ páginas 37 y 82.

Ejemplo **Tú**: Veo mucho la tele. **Tu pareja**: ¿Ves mucho la tele?

7 Las tres rutinas

◆ Escucha a Bea, Toni y Paco. ¿La información del cuadro corresponde a sus rutinas? Escribe ✔ o ✗ y corrige los errores.

Ejemplo Bea **1** ✗, 7.30.

	1	2	3	4	5	6
Bea	7.15	7.30				10.30
Toni	7.30	8.00				11.00
Paco	6.45	7.00				11.30

8 ¿Verdad o mentira?

◆ Mira otra vez el cuadro de arriba (actividad 7) y haz las actividades **a**, **b** y **c**.

a Mira la rutina de Bea. Lee las frases **1–6**: ¿**verdad** (V) o **mentira** (M)? *Ejemplo* **1** V.

1 Se despierta a las siete y cuarto.
2 Se levanta a las ocho menos cuarto.
3 Se ducha por la mañana.
4 Se pone unos vaqueros y una camisa.
5 Va al club juvenil.
6 Se acuesta a las once y media.

b Mira la rutina de Toni. Lee las frases **1–6** y corrige los errores <u>subrayados</u>.

1 Se despierta a las <u>siete</u>.
2 Se levanta a las <u>ocho menos cuarto</u>.
3 Se baña <u>por la tarde</u>.
4 Se pone unos vaqueros y <u>una camiseta</u>.
5 Va <u>al cine</u>.
6 Se acuesta <u>a las doce</u>.

c Adapta las frases **1–6** y describe la rutina de Paco en el cuadro de arriba.

9 Te toca a ti

◆ Contesta a las preguntas **1–10**. Practica con tu pareja. Utiliza la Táctica, página 85.

1 ¿Eres madrugador/a o trasnochador/a?
2 ¿A qué hora te despiertas entre semana?
3 ¿A qué hora te levantas los fines de semana?
4 ¿Qué haces por la mañana, normalmente?
5 ¿Comes bien?
6 ¿Te gusta el instituto?
7 ¿Qué haces por la tarde entre semana?
8 ¿Cómo te diviertes el fin de semana?
9 ¿A qué hora te acuestas normalmente?
10 ¿En tu opinión, estás estresado/a?

10 La carta de Isabel

♣ Isabel escribe a Maite por correo electrónico. Lee la carta. Haz actividades **a** y **b**.

¡Hola, Maite!

¿Qué tal allí en Barcelona, tú y Tomás? ¿Os divertís en casa de los abuelos? La rutina del norte es muy diferente de la del sur. Y los abuelos se despiertan temprano, incluso los sábados y domingos, ¿no? ¿Os levantáis con ellos o os quedáis en la cama? ¡Tomás no es muy madrugador! Y los abuelos se acuestan temprano también, a las diez de la noche. A lo mejor os aburrís un poco por la tarde...

¿Y qué tal tú y Tomás? Según la carta de Tomás, os lleváis bien. Me parece que mi hermano está un poco enamorado de ti, Maite! ¡Cuéntame todo! Aquí, bien. Sabes que Papá y Mamá ya no están separados. Se llevan bien (de momento). A Papá le encanta el bebé. Bueno, ya no es bebé porque tiene un año. Papá dice que tú y Tomás vais a venir a Valencia en marzo con nosotros. ¡Qué ilusión! Bueno, me voy. Tengo que estudiar.

Un abrazo, Isabel

a ¿**Verdad** (V), **mentira** (M) o **no se sabe** (?) ? *Ejemplo* **1** V.

1 El hermano de Isabel tiene un año ya.
2 Tomás y Maite se aburren.
3 Tomás es madrugador.
4 Los padres de Isabel se llevan bien, de momento.
5 Los abuelos se despiertan temprano.
6 Maite y Tomás se divierten mucho.
7 Los padres de Isabel están separados.
8 Maite y Tomás se levantan tarde los fines de semana.

b Lee otra vez la carta y las preguntas **1**–**6** de arriba. Rellena el cuadro con los verbos.

| | Regulares | | | | Irregulares | |
	-ar	-er	-ir		-ar	-ir
(vosotros)	**os** ?	**os** pon**éis**	**os** aburr**ís**		**os** despert**áis**	**os** divert**ís**
(ellos/as, Uds.)	**se** llev**an**	**se** pon**en**	**se** ?		**se** ?	**se** ?

▶▶ Gramática 21.

11 La respuesta

♣ Completa la respuesta de Maite. Elige la expresión correcta.

Isabel, ¡gracias por tu carta! Los abuelos están bien. Sí, se (levantáis / levantan) temprano – ¡a las siete los sábados! Tomás me dice que os (acuestan / acostáis) a las doce de la noche en Sevilla. ¡Qué tarde! El abuelo y Tomás se (llevan / lleváis) muy bien; se (divertís / divierten) mucho comunicando por Internet. ¿Tomás y yo? ¡Qué curiosa eres! ¡No pasa nada! ¿Cuándo exactamente os (van / vais) a Tarragona? Besos, Maite.

6 *Acción: lengua*

How to ... • use reflexive verbs

● *¿Preparados?*

Pon **me** delante de las palabras <u>subrayadas</u> si es necesario.   *Ejemplo* **me** despierto ...

(**1**) <u>despierto</u> a las siete, (**2**) <u>levanto</u> y (**3**) <u>ducho</u> en el cuarto de baño. (**4**) <u>desayuno</u> en la cocina y (**5**) <u>veo</u> la tele hasta las ocho. (**6**) <u>lavo</u> los dientes, (**7**) <u>pongo</u> el plumífero.

● *¿Listos?*

usted yo

	-ar levantar(**se**)		-er poner(**se**)		-ir aburrir(**se**)		****** despertar(**se**)
yo	**me** levanto	**me**	pongo*	**me**	aburro	**me**	despi**e**rto**
tú	**te** levantas	**te**	pones	**te**	aburres	**te**	despi**e**rtas**
él, ella, Ud.	**se** levanta	**se**	pone	**se**	aburre	**se**	despi**e**rta**
nosotros	**nos** levantamos	**nos**	ponemos	**nos**	aburrimos	**nos**	despertamos
vosotros	**os** levantáis	**os**	ponéis	**os**	aburrís	**os**	despertáis
ellos/as, Uds.	**se** levantan	**se**	ponen	**se**	aburren	**se**	despi**e**rtan**

* Irregular   ** Otros verbos del tipo

e > **ie**: div**e**rtir(se): me div**ie**rto

e > **i**: v**e**stir(se): me v**i**sto

o> **ue**: ac**o**star(se): me ac**ue**sto

Me despi**e**rto a las siete.	*I wake (myself) **up** at seven o'clock.*
¿A qué hora **te** levant**as**?	*What time **do you get** (yourself) **up**?*

● *¡Ya!*

◆ Ana trabaja de noche. Rellena los huecos con *me*, *te* o *se*.

MILA: ¿A qué hora ...(**1**)... acuestas, Ana?

ANA: ...(**2**)... acuesto a las diez de la mañana.

MILA: Y ¿cuándo ...(**3**)... despiertas?

ANA: ...(**4**)... levanto a las cinco de la tarde.

MILA: ¿Tu marido trabaja en la farmacia también?

ANA: Sí, pero de día. Yo ...(**5**)... voy al trabajo cuando él vuelve a casa.

MILA: Y él ...(**6**)... acuesta cuando tú ...(**7**)...vas a la farmacia.

ANA: ¡Sí, precisamente! ¡No nos vemos nunca!

♣ Teresa habla a Michael de la familia. Cambia los verbos.

LO NEGATIVO

Yo no (*despertarse*) temprano,

Tú (*acostarse*) a la una,

Isabel también (*levantarse*) tarde,

Y el bebé (*aburrirse*) en la cuna.

LO POSITIVO

Gary e Isabel (*divertirse*) mucho,

Y nosotros (*llevarse*) bien,

Tomás y Maite (*enamorarse*)

¡Todos vivimos a cien!

Lectura y Proyectos

Paella valenciana

(para 4 personas)

INGREDIENTES

1 cebolla cortada en trocitos
700 gramos de pollo en trozos
100 gramos de gambas
50 gramos de guisantes
½ pimiento cortado en trocitos
350 centilitros de arroz
700 centilitros de agua caliente
un poco de sal
un poco de pimienta
un poco de azafrán
una hoja de laurel

MÉTODO

1 Calentar el aceite en una paellera grande.
2 Freír en la paellera los trozos de pollo y la cebolla con sal durante 12 minutos.
3 Añadir los guisantes, el arroz y el agua caliente.
4 Después añadir las gambas, el pimiento, la pimienta, el azafrán, y el laurel.
5 Bajar el fuego.
6 Dejar cocer durante 20-30 minutos (añadir agua y sal si se necesita).
7 Servir en la paellera.

Chistes

CHISTES

No desayuno, porque pienso en ti ...
No como, porque pienso en ti ...
No ceno, porque pienso en ti ...
Y luego por la noche, ¡no duermo porque tengo hambre!

Una serpiente dice a su amiga:
★ ¿Tú sabes si somos venenosas?
★ ¿Por qué lo quieres saber?
★ ¡Porque acabo de morderme la lengua!

★ Mamá, ¿Las aceitunas negras tienen patas?
★ No, hijo.
★ Pues, ¡acabo de comer una cucaracha!

Un chico quiere trabajar en una fábrica.
Va al director y le dice:
★ ¿Cuántas personas trabajan aquí?
El director contesta:
★ La mitad, aproximadamente!

Mi hermano es tan perezoso, que
– para estar más horas sin hacer nada – ¡se levanta temprano!

1 *Los alimentos españoles*

Aquí en Gran Bretaña se come mucha fruta española.
¿Y qué más? Vete a la frutería o al supermercado. Mira
las etiquetas. ¿Qué
alimentos vienen de
España? Haz una
lista. Si es posible,
compra algunas
cosas. Pide unas
cajas. Prepara un
póster o una
exposición.

¿Puedo llevar esta caja, por favor?

 2 *¡Que salga el autor!*

¿Cómo imaginas la vida de
Kiko Cuervo, o de otro
personaje inventado?

- Describe un día en su vida:
  ¡puede ser cómico!

- Añade dibujos o imágenes
  cortadas de revistas.

- Hazlo en ordenador, si
  quieres, o en forma de
  librito.

Me llamo Kiko Cuervo.
¡Hola! Soy un
cuervo de Gran
Bretaña, pero me encantan
España y el español.
  ¿Cómo es un día de mi vida?
No me levanto temprano – ¡no
soy madrugador! Me levanto a las
diez, y me ducho en el río cerca de mi casa.
Después, desayuno. Si llueve, hay muchos
gusanos – ¡me chiflan! Pero si hace buen tiempo
voy al parque donde hay mucha gente con pan
para los pájaros....

De viaje

7

OBJETIVO
¿Cómo prefieres viajar?

Los abuelos, Tomás y Maite van de vacaciones a Tarragona, donde los abuelos tienen un piso.

Para ir a Tarragona, ¿cómo prefieres viajar?

O me gustaría ir en globo. Es muy relajado...

Prefiero ir en moto. ¡Es rápido y emocionante!

¡Y muy lento, Tomás!

No es muy práctico.

Prefiero ir en tren. Es más cómodo.

Pero es menos divertido...

¿Y tú, abuelita? ¿Cómo te gustaría ir?

Y más fácil para mí.

Tus padres, Isabel y Gary vienen a Tarragona también, ¿verdad, Tomás?

1 Para ir a Tarragona...

◆ Completa las frases **1–3** con las palabras correctas.

práctico	lento
rápido	fácil
divertido	emocionante
relajado	cómodo

1 Ir en moto es ... y ...
2 Viajar en tren es ... y ... pero no es ...
3 Ir en globo es ... y ..., pero no es ...

2 REPASO

◆ Busca los contrarios con tu pareja: ¡tienes dos minutos!

aburrido	lento	limpio	cómodo	tranquilo	rápido
ruidoso	incómodo	barato	sucio	caro	divertido

♣ Haz ◆. ¿Qué opinas tú de: **a** ir en tren **b** viajar en globo **c** ir en moto?

Ejemplo **a** Ir en tren es cómodo pero aburrido y caro.

3 El transporte

Divide los medios de transporte en tres grupos. Utiliza un diccionario, si es necesario.

por vía terrestre   *por vía marítima*   *por vía aérea*

1	en autobús	**6**	en aerodeslizador	**11**	en moto
2	en barco	**7**	en bici(cleta)	**12**	en autocar
3	en globo	**8**	en avión	**13**	en ferry
4	en coche	**9**	en vespino	**14**	en taxi
5	en tren	**10**	en metro	**15**	a pie

4 ¿Cómo y por qué?

◆ Escucha las conversaciones **a–d**. ¿Cómo prefieren viajar? Completa con dos tipos de transporte: utiliza los números **1–15** de arriba.   *Ejemplo* **a 7** + ?

a Para ir al centro...   **c** Para ir al instituto...
b Para ir a la discoteca...   **d** Para viajar al extranjero...

♣ Haz ◆. Apunta también por qué.   *Ejemplo* **a 7** + ?, barato.

5 ¿Y tú?

Túrnate con tu pareja. Utiliza las preguntas **a–d**, y contesta.

Ejemplo

A

Para ir al centro, ¿cómo prefieres ir?

B

Prefiero ir en autobús.

¿Por qué?

Porque es rápido y fácil. ¿Y tú?

Prefiero ir a pie, ¡porque es más barato!

¿Cómo prefieres viajar?				
Para ir	al centro a la discoteca al instituto al extranjero	prefiero me gustaría	viajar ir	en aerodeslizador, en autobús, en autocar, en avión, en barco, en bici, en coche, en ferry, en globo, en metro, en moto, en taxi, en tren, en vespino, a pie
porque es	más menos			aburrido, barato, caro, cómodo, divertido, emocionante, fácil, incómodo, lento, limpio, rápido, relajado, ruidoso, sucio, tranquilo

6 El vespino

◆ Lee la entrevista con Julio y las frases **1–7**
de abajo. Elige la respuesta correcta.
Ejemplo **1C**

Entrevista con Julio

A los jóvenes españoles les encanta ir en moto o
en vespino.

–Julio, ¿qué es un *vespino*, exactamente?
–*Es una motocicleta italiana.*
–¿Por qué es tan popular?
–*Porque es más barata que muchos modelos
españoles. Pero no es tan potente.*
–¿Cuántos años tienes que tener para conducir
una moto?
–*Catorce años.*
–¿Adónde vas tú en moto?
–*Voy a todas partes. Al centro comercial, a la
discoteca, al campo, al instituto...*
–¿Al instituto?
–*Sí. Muchos van en moto. Por la mañana, se ve
un montón de motos aparcadas delante de los
institutos.*
–¿Por qué te gusta tu vespino?
–*Es muy práctico, es divertido y es barato – no gasta mucha gasolina.*
–No llevas casco. ¿Por qué no?
–*¡Ah, se me ha olvidado! Gracias – me pongo el casco en seguida.*
–¿No es obligatorio llevar casco?
–*Sí, es·obligatorio pero muchos jóvenes no lo hacen. Son estúpidos. Todas los días,
hay accidentes graves.*
–Gracias por la entrevista, ¡Buen viaje! ¡Y ponte el casco!

	A	**B**	**C**
1 El vespino es ...	una bici	un coche	una moto
2 El vespino viene de ...	Francia	Italia	Alemania
3 Lo bueno es que ...	es potente	gasta mucha gasolina	no es cara
4 La edad mínima legal es ...	14 años	15 años	16 años
5 Muchos jóvenes van en moto ...	al campo	al cine	al instituto
6 Le gusta ir en moto porque es ...	rápida	práctica	limpia
7 Según Julio, llevar casco ...	es obligatorio	no es obligatorio	es estúpido

7 ¿Qué opinas tú?

7.4

◆ Escribe una respuesta personal a las preguntas **1–4**.

1 ¿Cómo prefieres ir al instituto?
2 ¿Prefieres viajar en tren o en autobús? ¿Por qué?
3 Para ir al extranjero ¿cómo prefieres viajar? ¿Por qué?
4 ¿Te gusta la idea de viajar en globo?

8 Más problemas

🍀 **a** Lee las frases **1–9**. ¿De qué tipo de transporte hablan? Copia y rellena el cuadro con los medios de transporte.

1 **Se ve más** que en coche, y muchas veces también tiene restaurante. *(Ana)*

2 Para cruzar el mar, me gusta más que el barco o el ferry: **no me mareo** tanto. *(Esteban)*

3 Es una buena manera de hacer ejercicio, pero no es rápido: **se tarda mucho**. *(Marifé)*

4 No me gusta nada – **tengo miedo al agua**. *(Gloria)*

5 **Me mareo mucho** si tengo que viajar por carretera en este tipo de transporte. *(Bernardo)*

6 Odio viajar en este tipo de transporte. **Tengo miedo a las alturas**. *(Tere)*

7 **No se ve mucho**, porque es obligatorio llevar casco, y esto reduce tu campo visual. *(Raúl)*

8 Usa gasolina y no se puede mover mucho: **tengo claustrofobia** en uno de éstos. *(Luis)*

9 Un día, ¡quiero viajar en **_ _ _ _ _ _ _ _**! *(Zohora)*

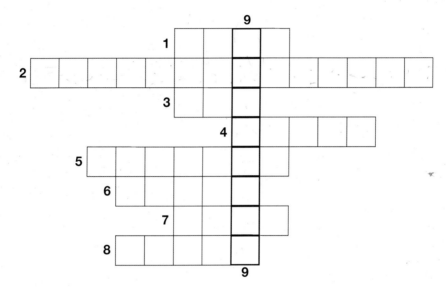

🍀 **b** ¿Cómo se dicen las frases **en negrita** en inglés? Haz una lista.

9 Personalmente

🍀 Escucha a las personas **1–6**. Apunta el tipo de transporte que no les gusta y por qué.
Ejemplo **1** coche, autobús – me mareo.

10 De viaje

🍀 Elige cuatro o cinco de las expresiones **en negrita** de la actividad 8. Escribe un párrafo que las incorpore. Adapta las frases de la actividad 8, si quieres.

Explica...
• cómo te gusta viajar, y por qué.
• qué tipo(s) de transporte no te gusta(n) y por qué.

Ejemplo

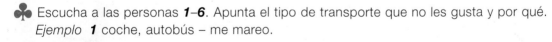

Me gusta mucho viajar... porque...
Para ir al extranjero, prefiero viajar... porque...
Un día, quiero viajar... porque...
Odio ir en...: el problema es que...

7B

¿Cuándo hay un tren ...?

!Nos vemos en la estación a las once, Gary!

Gary e Isabel van a Córdoba (y después, a Tarragona). Isabel va directamente a la estación, pero Gary quiere comprar un regalo primero.

TAQUILLA

¡Hola! ¿Cuándo hay un tren para Córdoba?

Hay un tren cada dos horas.

8.30
10.30
12.30
14.30

¿A qué hora sale el próximo tren?

Sale a las once y media.

¿A qué hora llega a Córdoba?

Llega a la una y media.

¿Hay que cambiar?

No, es directo.

¿Qué tipo de billete quiere - de ida sólo, o de ida y vuelta?

De ida sólo.

¿Qué clase - primera o segunda?

Segunda clase, por favor.

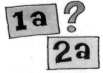

¿Cuántos billetes quiere?

Dos...   ¿pero dónde está Gary?

¿Cuánto es?

Son 5000 pesetas cada billete.

5000

Vale, gracias, señor.

Son las once y veinte ya...

1 En la taquilla

◆ **a** Lee las frases **1–16**. ¿Quién las dice – el/la cliente (**C**) o el taquillero (**T**)? *Ejemplo* **1C**

1 ¿Cuándo hay un tren para Córdoba?
2 ¿A qué hora sale el próximo tren?
3 ¿A qué hora llega?
4 ¿Hay que cambiar?
5 ¿Qué tipo de billete quiere?
6 ¿Qué clase quiere?
7 ¿Cuántos billetes quiere?
8 ¿Cuánto es?

9 Segunda clase.
10 Llega a la una y media.
11 Ida sólo.
12 Dos, por favor.
13 Son 5000 pesetas.
14 Hay un tren cada dos horas.
15 No, es directo.
16 Sale a las once y media.

b Empareja correctamente las preguntas **1–8** y las respuestas **9–16**. *Ejemplo* **1 + 14**.

♣ Lee las frases **1–6**: ¿hablan de Gary (**G**) de Isabel (**I**) o de los dos (**G+I**)? *Ejemplo* **1 I**

1 Va directamente a la estación.
2 Va a la estación a las once.
3 Quiere comprar un recuerdo de Sevilla.

4 No está en la estación a las 11.20.
5 Está preocupada.
6 Van a Córdoba, y luego a Tarragona.

2 ¿Van juntos o no?

Escucha las conversaciones **1–10**.
¿Las preguntas y respuestas van
juntas (✔) o no (✗)? *Ejemplo* **1 ✗**

¿Hay que cambiar?

3 En grupos de tres

En grupos de tres, haz un juego:

A hace una de las preguntas **1–8** de la actividad 1.

B contesta con una de las respuestas **9–16**.

C dice '¡Van juntos!' o '¡No van juntos!'

A ¿Qué clase quiere?
B
C A las once y media.
¡No van juntos!

4 Con tu pareja

◆ Practica la conversación de la página 96 entre Isabel y el taquillero. Cambia los detalles e inventa otra conversación:

– otras ciudades (Málaga, Madrid, Cádiz)
– otras horas   (12.15, 1.30, 3.45)
– otro tipo de billete y precio

♣ Haz ◆, y haz las preguntas en otro orden – ¡pero un orden lógico!

5 El horario

◆ Lee la información y mira el horario. Haz las actividades **a** y **b**.

Éste es el horario de trenes de la capital Madrid a la ciudad de Medina del Campo. Hay tres estaciones en Madrid: la estación Príncipe Pío, la estación Chamartín, y la estación Atocha. Hay muchos tipos de trenes en España. Tres de ellos son: el **Rápido Talgo**, que es muy rápido y lujoso; el **Estrella**, también rápido, pero más barato; y el **Interurbano**, el equivalente del *Intercity* británico.

MADRID → MEDINA DEL CAMPO → ZAMORA

		Interurbano 36121	Rápido Talgo 151	Interurbano 3119/36123/36122	Estrella 851	Estrella 855
Km.	Identificación:					
	Origen del tren:	MADRID P. PÍO	MADRID P. PÍO	MADRID CHAMARTÍN	MADRID P. PÍO	MADRID P. PÍO
	Circulación	DIARIO	DIARIO	DIARIO	DIARIO	DIARIO
0	**MADRID-CHAMARTÍN**	9.46		15.09 ❄		
31	VILLALBA DE GUAD.	10.25				
0	**MADRID-P. PÍO**	10.10 ❄	13.30 ❄		22.00 ❄	22.20 ❄
38	VILLALBA DE GUAD.	10.47				
47	EL ESCORIAL	10.57				
84	LAS NAVAS	11.26		VIA SEGOVIA		
121	ÁVILA	11.58	14.48		23.31	23.58
171	ARÉVALO	12.37				
207	**MEDINA DEL CAMPO**	13.10	15.39	18.50	0.35	1.04

❄ Climatización.

a Completa las frases con la palabra correcta.

Diario quiere decir …(**1**)…
Km quiere decir …(**2**)…
El destino es …(**3**)…
Climatización quiere decir …(**4**)…
Interurbano, *Rápido Talgo*, y *Estrella* son tipos de …(**5**)…
Madrid P.Pío y *Madrid Chamartín* son los nombres de …(**6**)…

tren
aire acondicionado
estaciones
todos los días
la estación final
kilómetros

b Contesta las preguntas en español.

1 ¿A qué hora sale el Rápido Talgo? ¿Sale de la estación Chamartín o P. Pío?
2 Voy de Madrid (P. Pío) a Medina. ¿Es el Interurbano más rápido que el Talgo?
3 Quiero ir en el tren Estrella de Madrid a Ávila. ¿Hay que cambiar?
4 Voy en el Interurbano que sale por la mañana. ¿A qué hora llega a Las Navas?

c Inventa un diálogo entre un cliente y el taquillero. Utiliza los detalles de arriba.

¿(Cuándo) hay un (tren) para …?	Sí. Hay un (tren) a las … / cada hora / cada (dos) horas
¿A qué hora sale el (próximo) para …?	Sale a la una (y cuarto) / a las (tres) (y media)
¿A qué hora llega el (tren) a …?	Llega a la una / a las cuatro (menos cuarto)
¿Es directo?	Sí, es directo / No, hay que cambiar en (Burgos)
¿Qué tipo de billete quiere?	Un billete de ida sólo / un billete de ida y vuelta
¿Qué clase quiere?	Primera / segunda clase
¿Cuánto es?	Son … pesetas

6 Cómo viajar más y pagar menos

♣ Lee la información de abajo. Utiliza un diccionario, si es necesario. Recomienda un carnet, tarjeta o día a las personas *1–6*.   *Ejemplo* **1** el Eurail

RENFE

Días azules: días especiales cuando es más barato viajar en tren. Si viajas con niños bajo 12 años, en un grupo de once personas o más, el descuento varía de un 12% a un 50%.

Tarjeta dorada: para personas mayores de 65 años. Esta tarjeta ofrece varios descuentos en viajes por ferrocarril. Cuesta 500 pesetas y es válida por un año.

Carnet joven: un carnet para personas de menos de 26 años. Puedes obtener descuentos en viajes, tiendas, restaurantes etc. Es válido por un año y es gratuito.

Tarjeta RENFE: esta tarjeta ofrece un diez por ciento (10%) de descuento. Es gratuita y válida por un año. No se puede usar en el AVE (Tren de Alta Velocidad).

Eurail: un tipo de billete que te permite viajar dentro en España y en dieciséis otros países de Europa. Hay que comprarla en Gran Bretaña antes de ir a España y cuesta unas cientas de libras esterlinas.

RENFE Tarjeta turística: es otro billete como el Eurail pero es sólo válido dentro de España por cierto tiempo - tres días, cinco días o diez días. A veces hay que pagar un suplemento para viajar en los trenes más caros como el Talgo.

1 Vivo en Escocia, pero quiero viajar por Francia, España y Alemania este verano.

2 Voy a Madrid con la familia para dos semanas. Nos gustaría visitar las ciudades de Toledo y Segovia en tren.

3 Mi marido y yo somos pensionistas. Tenemos un piso en el sur de España y pasamos mucho tiempo allí. Nos gusta mucho viajar y hacer turismo.

4 Voy a trabajar en España este año y quiero viajar en las vacaciones. Tengo diecinueve años.

5 Me interesa mucho viajar en tren, en plan turístico. No sé exactamente adónde voy. ¿Qué me recomienda?

6 Voy a pasar una semana en el oeste de España pero quiero pasar dos o tres días visitando Barcelona y la Costa Brava en general.

7 ¿Hay que ...?

♣ Copia el cuadro de abajo. Escucha las conversaciones *1–5* y rellena el cuadro.

	¿hay que pagar suplemento?	detalles personales	cuando quiere viajar	tipo de descuento	descuento posible
1	*sí - 550 ptas.*	*pensionista*	*miércoles*	*tarjeta dorada*	*35 %*
2					

¿Hay que pagar suplemento?	Sí / no. (No) hay que pagar suplemento (de ___ ptas)
¿Hay descuento para niños / familias / jóvenes / estudiantes / personas mayores?	No, no hay descuento / Sí, hay descuento ...
	Si tiene carnet joven / tarjeta dorada / tarjeta Renfe / tarjeta turística / billete Eurail / Si es un 'día azul'

7C OBJETIVO

¿Para ir a ...?

¿Para ir a la estación de Córdoba, por favor?

¡Uf! Está lejos.

Suba la calle...

... siga todo recto.

¿... al final de la calle?

No, hasta el cruce.

En los semáforos, tuerza a la izquierda.

Pase la rotonda,...

... tome la primera calle a la derecha...

... baje la avenida ...

... cruce la plaza, ¡y allí está!

¿Prefiere ir en taxi?

Gary, ¡ven!

1 ¿Para ir a la estación?

◆ **a** Escucha y lee la historia de Gary y el taxista.

◆ **b** ¿Qué dice el taxista? ¿Verdad o mentira?

1 Suba la calle.
2 Siga todo recto al final de la calle.
3 Tuerza a la izquierda en los semáforos.

4 Tome la segunda calle a la izquierda.
5 Suba la avenida.
6 Cruce la plaza.

♣ **c** Corrige las frases falsas.

2 ¿Para ir a...?

Empareja el símbolo con la frase correcta.   *Ejemplo* **1d**

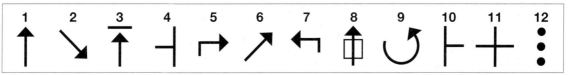

a pase la rotonda...	**e** tome la primera a
b hasta el final de	la derecha...
la avenida...	**f** suba la avenida...
c cruce la plaza...	**g** baje la calle...
d siga todo recto...	**h** hasta los semáforos...

i tuerza a la derecha...
j tome la primera a
la izquierda...
k tuerza a la izquierda...
l hasta el cruce

3 ¿Está lejos?

Escucha las conversaciones **a–f**.

◆ **a** Dibuja el símbolo correcto para cada instrucción.   *Ejemplo* **a**

♣ **b** Haz ◆. Escribe también el lugar.   *Ejemplo* **a** el mercado

4 ¿ Por dónde?

◆ Trabaja con tu pareja. Mira los
símbolos de la actividad 2.
A apunta un símbolo.
B dice la frase correcta.

♣ Apunta dos o tres símbolos.

(A) ☞ ➚   ¡Suba la avenida! (B)

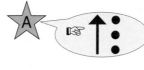

(A) ☞   Siga todo recto hasta los semáforos... (B)

5 Mi pueblo o mi barrio

Trabaja en grupo.

 REPASO

a Prepara una lista de lo que hay en
tu pueblo o tu barrio.

b Túrnate con las otras personas del grupo.
Utiliza el cuadro para preguntar y contestar.

el mercado, el supermercado, el cine, el insti, el bar, las tiendas, la discoteca, el parque, la iglesia, el videoclub, la piscina, el polideportivo, la cafetería, la pista de hielo...

(A) ¿Para ir a la pista de hielo, por favor?

Suba la avenida Orchard,... (B) (C) ...tome la primera calle a la derecha...

siga	todo recto/al final de la calle/por la calle (...)
pase	por la calle (...)/hasta el cruce/la rotonda/los semáforos
suba/baje	la calle/la avenida/la carretera/el paseo
tuerza	a la izquierda/a la derecha
tome	la calle (...)/la primera/segunda/tercera calle a la derecha/a la izquierda
cruce	la plaza/el puente/la calle

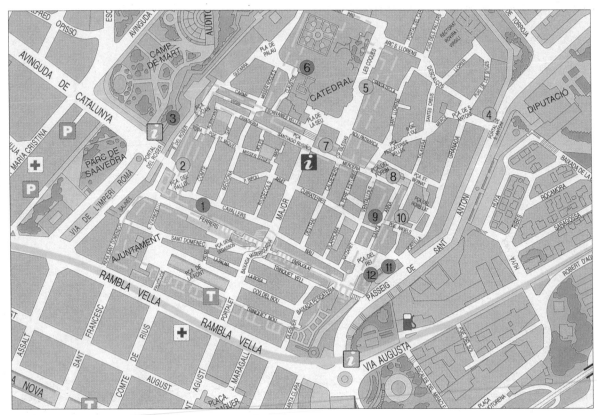

1 El Museo Casa Castellamau
2 La Plaza del Pallol
3 El Paseo Arqueológico
4 El Portal de Sant Antoni

5 El Hospital Antiguo
6 La Catedral
7 Los Porches Góticos
8 El Muro del Forum

9 El Museo de Arte Moderno
10 El Barrio Judío
11 El Museo Nacional
12 El Museo de la Romanidad

6 En Tarragona

◆ Estás en la Oficina de Turismo, cerca de los Porches Góticos. ¿Adónde quieren ir las personas **a**–**e**? Copia y completa las instrucciones del guía.

Ejemplo *Baje la calle Mayor hasta el cruce con la calle Nau y Cavallers. Tome la calle Cavallers y siga todo recto. A la izquierda está el Museo Casa Castellamau.*

a Baje la calle Mayor hasta el cruce con la calle Nau y Cavallers. Tome la calle Cavallers y siga todo recto. A la izquierda está ...

b Tuerza a la derecha. Siga todo recto hasta la Plaça del Forum y ... está a la izquierda.

c Siga todo recto. Cruce la Plaça de Santiago Rusiñol y la Plaça de la Seu y ... está allí, a la izquierda.

d Tuerza a la izquierda. Siga todo recto hasta el cruce con la calle Mediona y la calle Misser Nogues. Tome la calle Mediona y siga todo recto. Al final de la calle, tuerza a la derecha y siga todo recto hasta ...

e Tuerza a la derecha. Siga todo recto hasta la Plaça del Forum. Tuerza a la izquierda. Cruce la Plaça Pescateries Velles. Tome la calle Merce. Cruce la Plaça de Sant Antoni. ... está a la derecha.

7 ¿Adónde quiere ir?

◆ Utiliza el cuadro de la página 101. Prepara instrucciones para ir desde la Oficina de Turismo hasta los otros monumentos en el mapa.

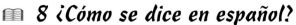

8 ¿Cómo se dice en español?

♣ Tomás, Maite y los abuelos están en Tarragona, en la región de Cataluña. Aquí se habla catalán. En el mapa, hay palabras catalanes. ¿Cómo se dicen en español e inglés? Copia y completa el cuadro.

Catalán	Español	*Inglés*
passeig **avinguida** **parc** **camp** **plaça (Pça)**	el paseo	*parade*

avenue	*parade*
el paseo	el parque
recreation ground	park
la avenida	la plaza
square	el campo

9 El problema

♣ El abuelo está visitando el Museo Nacional. Pero tiene un problema. Le pregunta al guía dónde ir.

a Lee las instrucciones del guía. Utiliza un diccionario, si quieres.
¿Adónde quiere ir el abuelo? ¿Qué problema hay?

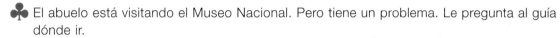

Para ir allí es muy sencillo. **Primero** hay que cruzar la Plaça del Rei. Tuerza **inmediatamente** a la derecha y suba la calle – creo que es la calle Natzaret. Cruce la calle Curateries. **Un poco más lejos** tome la primera calle a la izquierda. Al final de esta calle, tuerza a la derecha. **En seguida**, al final de la calle, tuerza a la izquierda - es la calle Mercería. Suba esta calle hasta el cruce. Tuerza a la derecha – es la calle CP Iglesias – y **luego**, siga todo recto. El Hospital Antiguo está a la derecha, **después de** la Catedral, **un poco antes de** la calle Santa Tecla.

Pero... ¿Qué dice? ¿El hospital antiguo? Yo quiero ir al hospital moderno. ¡Me duele la pierna!

b Copia las instrucciones para ir desde el hospital antiguo al hospital moderno. Complétalas con las palabras del cuadro.

después	luego
rotonda	izquierda
antes	primero
siga	tuerza
seguida	más

...(**1**)... tuerza a la izquierda y ...(**2**)... todo recto hasta el final de la calle CP Iglesias. Tuerza a la ...(**3**)... y siga todo recto. Un poco ...(**4**)... de la Plaça del Forum, tome la calle Santa Anna ...(**5**)... de la Plaça del Rei, tome la calle Angels y siga hasta la calle Portella. Tuerza inmediatamente a la derecha ...(**6**)... al final de la calle, cruce la plaza. En el Passeig de Sant Antoni ...(**7**)... a la derecha y un poco ...(**8**)... lejos, pase la ...(**9**)... Sube la Rambla Vella, y tome en ...(**10**)... la calle Santa Clara. El hospital está allí.

10 ¿Y en tu barrio?

♣ Prepara instrucciones para ir del insti hasta tres monumentos o edificios de tu barrio. Utiliza las palabras **en negrita** de la actividad **a**.

Ejemplo

...un poco después del parque tome la primera calle a la izquierda y tuerza inmediatamente a la derecha...

7 Acción: lengua

How to ... • use the 24-hour clock

● *¿Preparados?*

a Empareja cada frase con la hora correcta. ¡Cuidado! Sobran dos.

1 El Talgo sale a las dos y cuarto.
2 Hay un autobús a las ocho y veinte.
3 El avión llega a la una y media.
4 Hay un ferry a las diez menos cuarto.

1.30	8.20	9.45	1.45	2.15	10.15

b Completa las frases con **a la** o **a las**.

1 El tren llega ... tres y media.
2 Hay un barco ... una y cuarto.
3 Hay un autocar ... once menos diez.
4 El avión sale ... seis y veinticinco.

● *¿Listos?*

1 h	la una	1.00 a.m.	13 h	las trece (horas)	1.00 p.m.
2 h	las dos	2.00 a.m.	14 h	las catorce	2.00 p.m.
3 h	las tres	3.00 a.m.	15 h	las quince	3.00 p.m.
4 h	las cuatro	4.00 a.m.	16 h	las dieciséis	4.00 p.m.
5 h	las cinco	5.00 a.m.	17 h	las diecisiete	5.00 p.m.
6 h	las seis	6.00 a.m.	18 h	las dieciocho	6.00 p.m.
7 h	las siete	7.00 a.m.	19 h	las diecinueve	7.00 p.m.
8 h	las ocho	8.00 a.m.	20 h	las veinte	8.00 p.m.
9 h	las nueve	9.00 a.m.	21 h	las veintiuno	9.00 p.m.
10 h	las diez	10.00 a.m.	22 h	las veintidós	10.00 p.m.
11 h	las once	11.00 a.m.	23 h	las veintitrés	11.00 p.m.
12 h	las doce mediodía	12.00 p.m.	24 h	las veinticuatro medianoche	12.00 a.m.

2.15

¡Son las dos y cuarto!

El próximo tren sale a las catorce quince

● *¡Ya!*

◆ Empareja las horas.   *Ejemplo* **1, f**

1 las cinco menos diez
2 las ocho y media
3 la una y cuarto
4 las once y veinticinco
5 las cuatro menos cuarto
6 mediodía y media

a las quince cuarenta y cinco
b las veintitrés veinticinco
c las veinte treinta
d las trece quince
e las doce treinta
f las dieciséis cincuenta

♣ ¿Qué hora es? Escribe la(s) hora(s) correcta(s).

Ejemplo Son las seis menos cuarto./Son las diecisiete cuarenta y cinco.

1	17.45	**3**	7.35	**5**	12.17	**7**	2.53
2	18.30	**4**	1.10	**6**	23.40	**8**	19.03

Las vacaciones

8

Objetivo A ¿Adónde fuiste?

Objetivo B ¿Qué tal el viaje?

Objetivo C ¿Qué hiciste?

 DESCOBRIU TARRAGONA

Tarragona és una ciutat bonica, que compagina harmoniosament la modernitat dels seus carrers i centres comercials amb l'antiguitat històrica del seu abundant patrimoni artístic i monumental. És, sobretot, una ciutat oberta i lluminosa, una ciutat mediterrània.

Si vostè està a prop de Tarragona, no deixi de visitar-la, és la ciutat ideal per passar-hi el dia.

Gaudir de les seves platges, visitar els seus museus i monuments, comprar a qualsevol de les seves zones comercials, degustar la seva cuina o esperar l'arribada de la flota pesquera al barri marítim del Serrallo són algunes de les idees per poder passar un dia inoblidable a una meravellosa ciutat que us acollirà entranyablement.

Veniu a visitar-nos, us hi esperem !

 DESCUBRID TARRAGONA

Tarragona es una bonita ciudad, en donde compaginan armoniosamente la modernidad de sus calles y centros comerciales, con la antigüedad histórica de su abundante patrimonio artístico-monumental.

Es sobre todo, una ciudad abierta y luminosa, una ciudad mediterránea. Si Vd. está cerca de Tarragona no deje de visitarla, es la ciudad ideal para pasar el día.

Disfrutar de sus playas, visitar sus museos y monumentos, comprar en cualquiera de sus zonas comerciales, degustar su cocina o esperar las llegadas de la flota pesquera en el barrio marítimo del Serrallo... son algunas de las ideas para poder pasar un día inolvidable en una maravillosa ciudad que os acogerá entrañablemente.

Venid a visitarnos, os esperamos !

8A OBJETIVO ¿Adónde fuiste?

¡Kiko! ¿Adónde fuiste de vacaciones?

A España. Fui a Tarragona, en el noreste.

¿Cuándo fuiste?

¿Cuánto tiempo fuiste?

Tarragona 15 días

Fui en marzo.

Quince días.

¿Con quién fuiste?

¿Cómo fuiste?

¿Y tú? ¿Fuiste de vacaciones?

Fui solo.

Fui en avión.

No. Me quedé en casa con mi novia.

1 Kiko Cuervo

◆ Reemplaza los números **1–5** con la palabra correcta.   *Ejemplo* **1** adónde.

¿ ..(**1**)... fuiste de vacaciones?
¿Con ...(**2**)... fuiste?
¿...(**3**)... fuiste - ¿en avión?
¿...(**4**)... tiempo fuiste?
¿...(**5**)... fuiste - en febrero?

cómo
cuándo
adónde
cuánto
quién

¡Acentos!

Las palabras interrogativas llevan **acento**:
• ¿**Có**mo te llamas?
• ¿**Cuá**ntos años tienes?

2 ¿Cuándo, cuánto tiempo, con quién?

Empareja las preguntas y sus respuestas posibles. ¡Tienes cinco minutos!   *Ejemplo* **1d**

1 ¿Cuándo fuiste?

a Fui con amigos.
b Quince días.
c Con la amiga de mi familia.

2 ¿Cuánto tiempo fuiste?

d Fui en verano.
e Con mis padres.
f Fui cinco días.

3 ¿Con quién fuiste?

g Una semana.
h Fui con mi familia.
i Fui en agosto.

3 Los países

◆ **a** Empareja los países **1–12** y las banderas **a–l**.   *Ejemplo* **1c**.

♣ Haz ◆. ¿Son miembros de la Unión Europea o no?   *Ejemplo* **1c**, sí.

1 Gran Bretaña

2 Suiza

3 Los Estados Unidos

4 Irlanda

5 Grecia

6 Las Islas Canarias

7 Francia

8 Suecia

9 Holanda

10 Italia

11 Noruega

12 Portugal

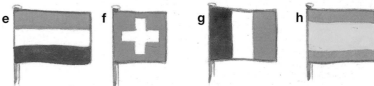
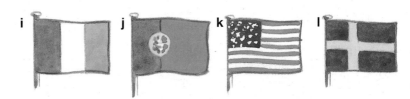

b Escucha la conversación entre Idaira e Isabel. Verifica tus respuestas.   *Ejemplo* **1c** ✔

4 Las vacaciones de Idaira

Escucha la conversación. Apunta la respuesta correcta de Idaira.   *Ejemplo* **1B**

		A	**B**	**C**
1	¿Adónde fuiste?	fui a Italia	fui a Portugal	fui a los Estados Unidos
2	¿Cuándo fuiste?	fui en julio	fui en otoño	fui el año pasado
3	¿Cuánto tiempo fuiste?	un mes	cinco días	quince días
4	¿Cómo fuiste?	fui en avión	fui en coche	fui en tren
5	¿Con quién fuiste?	con un amigo	con mi familia	fui sola

5 ¡El juego de las preguntas!

Trabaja con un grupo de tres (o más) amigos.
En secreto, **A** escribe cinco frases sobre sus vacaciones:
contesta a las preguntas **1–5** de la actividad 4.

◆ **A** utiliza las frases de la actividad 4. **B** y **C** tienen 10 preguntas.

♣ **A** inventa las cinco frases. **B** y **C** tienen 20 preguntas.

Ejemplo

Fui a (Italia)
Fui (el año pasado)
Fui (un mes)
Fui (en tren)
Fui (solo/a)

¿Fuiste a Italia?   ¡Sí!   ¿Fuiste una semana?

6 ¡Poemas!

a Copia los poemas y rellena los huecos. Utiliza *a*, *en*, *con*.

Fui ...(**1**)... Grecia - ¡estupendo!
Fui ...(**2**) ...avión - ¡qué susto!
Fui cinco días - ¡tremendo!
Fui ...(**3**)... mi familia - ¡qué disgusto!

Fui ...(**4**)... Portugal el año pasado
Fui tres semanas - ¡qué pesado!
Fui ...(**5**)... tren - ¡qué aburrido!
Fui ...(**6**)... mis amigos - ¡qué divertido!

b Lee las expresiones en los cuadros.
Busca las expresiones que riman.

Ejemplo ¡Fenomenal! / ¡Fatal!

c Escribe tu propio poema. Utiliza los
poemas de arriba como modelo.

☺	☹
¡Fenomenal!	¡Qué susto!
¡Qué ilusión!	¡Fatal!
¡Qué divertido!	¡Qué decepción!
¡Estupendo!	¡Qué aburrido!
¡Tremendo!	¡Qué disgusto!

7 Las vacaciones de Isabel

a Lee la descripción. Cópiala y reemplaza los dibujos por las palabras españolas.

b Lee las frases **1–6**: ¿verdad o mentira? *Ejemplo* **1** verdad.

Fui de vacaciones a [Italia]. Fui en [efmamj jasond].

Fui en [autobús] y en [avión]: ¡qué ilusión!

Fui con mi hermano Tomás y mi [madre]. En total, fui [lun mar mié jue vie sáb dom] días.

1 Isabel fue a Italia.

2 El padre de Isabel fue también.

3 Isabel fue en avión.

4 Fue también en coche.

5 Fue cinco días en total.

6 Fue el mes de agosto.

8 Con tu pareja

Describe tus vacaciones: ¡verdaderas o imaginarias! Utiliza la carta de Isabel como modelo.

¿Adónde fuiste de vacaciones?	Me quedé en casa.
	Fui a España, a los Estados Unidos, a las Islas Canarias
¿Cuándo fuiste?	Fui el año pasado, en (verano), en (febrero)
¿Cómo fuiste?	Fui en (avión)
¿Con quién fuiste?	Fui con mi novio/a, con mi familia, con mis amigos, solo/a
¿Cuánto tiempo fuiste?	Fui una semana, quince días, un mes.

9 Tarragona

a Los abuelos hablan de las vacaciones a su vecina joven, Mireia. Escucha y lee.

Los alrededores de esta ciudad brindan al excursionista la posibilidad de visitar monumentos de belleza constatada. El Puente del Diablo o la Cantera del Médol son paseos cortos ideales para realizar andando o en bicicleta.

MIREIA: ¿Qué tal las vacaciones?

ABUELA: ¡Estupendas! Fuimos todos a Tarragona.

ABUELO: Sí, toda la familia: mi hija Teresa, su marido Michael y nuestros nietos Maite, Tomás, Isabel y su amigo inglés, Gary.

MIREIA: ¿Fuisteis a las fiestas también?

ABUELA: ¿A Carnaval? Sí, fuimos todos.

MIREIA: Tarragona es muy histórica. ¿Fuisteis al Museo Diocesano?

ABUELO: Nosotros sí. Pero los jóvenes, no. No les interesa visitar museos. Pero fuimos todos a la catedral.

ABUELA: Otro día nosotros fuimos al puerto y al centro comercial, pero los jóvenes fueron de paseo en bici por la costa.

Las fiestas de Tarragona se inician en Enero con 'Tres Tombs', una exhibición de caballos y carruajes. El Carnaval da paso a la Semana Santa, manifestación religiosa de gran solemnidad, cuya procesión del Viernes Santo, está catalogada como una de las más importantes de España.

b Completa las frases *1–6* con *los jóvenes*, *los abuelos* o *todos*.

1 ____ fueron a la catedral.
2 ____ no fueron al Museo Diocesano.
3 ____ fueron de tiendas un día.
4 ____ fueron al puerto.
5 ____ fueron a Carnaval.
6 ____ fueron en bici por la costa.

REPASO

c Lee los extractos del folleto: ¿se mencionan las cosas subrayadas? (frases *1–6*)? Escribe **sí** o **no**.

d Lee la conversación otra vez. Completa el cuadro con las partes correctas del verbo.

yo	fui
tú	fuiste
él, ella, Ud.	fue
nosotros	?
vosotros	?
ellos/as, Uds.	?

▶▶ Gramática 30

Para tener una visión correcta de la historia de la ciudad, conviene conocer el Museo Arqueológico Nacional, como también es conveniente visitar el Pretorio Romano, el Paleocristiano y el Diocesano, finalizando con el Museo de Arte Moderno y la Casa-Museo Castellarnau.

8B
OBJETIVO
¿Qué tal el viaje?

Gary cuenta los detalles de su viaje a Tarragona a los abuelos.

1 Salí en tren - en el AVE - a las diez.

2 En el tren, escribí unas postales y leí una revista.

Tarragona

3 Comí un pastel y bebí una Coca-Cola. Me aburrí un poco.

Córdoba

Sevilla

4 En Córdoba, di una vuelta por la ciudad - vi la famosa Mezquita.

5 Cogí el autobús a Tarragona y conocí a unas chicas. ¡Me divertí mucho!

1 El viaje de Sevilla a Tarragona

Rellena los huecos de las frases de Gary correctamente.   *Ejemplo* **1** salí.

…(**1**)… en el AVE - un tren súper rápido.

…(**2**)… unas postales.

…(**3**)… una revista española.

…(**4**)… un poco.

…(**5**)… un pastel ¡qué rico!

…(**6**)… una Coca-Cola.

…(**7**)… una vuelta por Córdoba.

…(**8**)… la Mezquita: es impresionante.

…(**9**)… el autobús a Tarragona.

…(**10**)… a unas chicas.

…(**11**)… mucho.

| comí | leí | conocí | salí | me divertí | vi | me aburrí | bebí | escribí | di | cogí |

8.5

2 Una multitud de posibilidades

a Inventa 10 frases: siete posibles y tres imposibles. *Ejemplo* Salí a las ocho. Comí el tren.

◆ Utiliza el cuadro de abajo.

♣ Utiliza otras expresiones que conoces.

b Cambia listas con tu pareja: ¡busca las frases imposibles!
Ejemplo Comí el tren – ¡imposible!

salí		el tren	una postal
comí		un paseo	un perrito caliente
bebí		el autobús	un chico español
conocí	(en)	un tebeo	una naranjada
escribí	(por)	la ciudad	un café con leche
di una vuelta	(con)	un poco	el centro
vi	(a)	un libro	una hamburguesa
cogí		las ocho	un grupo de jóvenes
me aburrí		una carta	el avión
me divertí		mucho	por la mañana

El 'a' personal

Conocí la ciudad.
Conocí **a** un chico.

Vi el tren AVE.
Vi **a** mi amiga.

3 El juego de la cadena

Túrnate con tu pareja. **A**: di una frase. **B**: añade algo posible. Utiliza los verbos de arriba.

◆ Utiliza el cuadro de arriba.　　　♣ Añade otras expresiones que conoces.

A — *Salí a las ocho.*

B — *Salí a las ocho en tren.
Bebí una naranjada.*

*Bebí una naranjada y un
café con leche.*

A — *Salí el sábado.*

B — *Salí el sábado a las diez.
Bebí un té con limón.*

*Bebí un té con limón y
un agua mineral con gas.*

4 Inma, Toni y Concha en Gran Bretaña

◆ Apunta el número de dos dibujos para cada persona. *Ejemplo* Inma 2 + ?

1　　　**2**　　　**3**　　　**4**　　　**5**　　　**6**

♣ Apunta sus respuestas a las preguntas. *Ejemplo* Inma – comí una pizza ...

1 ¿Qué comiste?　　　**2** ¿Qué bebiste?　　　**3** ¿Conociste a algún chico o chica?

📖 5 El viaje de vuelta de Kiko

◆ Lee la historia de Kiko y el mapa de su viaje. Pon los fragmentos en el orden correcto.

Ejemplo **6** ...

1 Di una vuelta por la capital de Francia y vi los monumentos famosos.

2 Bebí un poco de vino y comí el resto de un bocadillo.

3 Me aburrí un poco en el avión.

4 Conocí a una chica francesa en la playa y me divertí mucho.

5 Cogí el barco por la tarde.

6 Salí de Tarragona a las nueve.

✎ 6 La amiga de Kiko pregunta

a Mira el cuadro y complétalo.

b Rellena las preguntas **1–6** de la amiga de Kiko con el verbo correcto del cuadro.

¿Qué ...(**1**)... en Francia? ¿Tortilla? ¿Pan?
¿ ...(**2**)... algo típico de allí - un vino o champán?
¡A que ...(**3**)... muchas postales a tus amigos!
¿...(**4**)... algo? ¿Una revista o un tebeo?
¿...(**5**)... a una chica francesa?
¿...(**6**)... mucho en la playa? ¡Qué bien!

yo	tú
cogí	cog**iste**
salí	sal**iste**
conocí	conoc_
leí	le_
escribí	escrib_
comí	com_
bebí	beb_
me aburrí	te aburr_
me divertí	te divert_

✎ 7 Te toca a ti

◆ Inventa un personaje o animal humorístico y describe tu viaje.

¿Qué tal el viaje?	
Salí (a las ocho)	Leí (una revista)
Cogí (el tren)	Di una vuelta por (la ciudad)
Comí (un bocadillo)	Vi (la catedral)
Bebí (una naranjada)	Conocí (a un/a chico/a español/a)
Escribí (una postal)	Me aburrí / me divertí (mucho) (un poco)

8 ¡El viaje horrible!

a Lee el extracto de la carta de Teresa a su hermana Carmina.

¡Hola, Carmina! Estamos aquí en Tarragona, por fin. ¡El viaje fue horrible! Salimos - el bebé y yo - de casa a las nueve. Cogimos un taxi al aeropuerto y allí fuimos directamente a Información. ¡Pero no vimos a Michael! Di una vuelta por las tiendas ... Por fin, subimos en el avión. Y ¿a quién vimos en la cabina? ¡Sí, a Michael, vestido de piloto! Michael fue directamente al avión, y no a Información. ¡Qué despistado es! El avión salió con retraso y el viaje fue pesado. Me aburrí mucho, y el niño también. Leímos cuentos y yo escribí una carta a una amiga. Aquí en Tarragona está bien. Mañana vamos al Carnaval. ¿Y vosotros? ¿Os divertisteis el fin de semana en Portugal? Lisboa es muy bonita. ¿Viste la catedral? Y tú y Omar - ¿bebisteis el vino típico de allí, el oporto? ¡A que sí!

b Lee las frases *1–6*: ¿*verdad*, *mentira* o *no se sabe*?

1 Teresa y su hijo salieron a las nueve.
2 Cogieron un autobús al aeropuerto.
3 Teresa vio a Michael en el aeropuerto.
4 El niño se aburrió mucho en el avión.
5 Teresa va al Carnaval con la familia.
6 Carmina y su familia se divirtieron mucho en Portugal.

	-er /-ir
yo	salí
tú	saliste
él, ella, Ud.	sali_
nosotros	sal__
vosotros	salisteis
ellos/as, Uds.	sal__

c Rellena los huecos del cuadro. Busca las partes del verbo en la carta y en las frases *1–6*.

▶▶ Gramática 29

9 El puzzle

Completa con los verbos y escríbelos en el lugar correcto del puzzle. *Ejemplo* Yo **salí**.

Yo ___ de casa a las nueve.
¿Y tú? ¿___ la catedral en Lisboa?
Nosotros ___ cuentos en el avión.
Yo ___ una carta a mi amiga.
Yo ___ una vuelta por las tiendas.
No me divertí en el avión. Yo __ ___
¿Os ___ mucho en Portugal?
¿___ vosotros el vino típico de allí?

El viaje de Teresa fue un * _____ *

OBJETIVO
¿Qué hiciste?

Isabel lee su agenda de las vacaciones.

a

martes 1

el martes pasado

> Tomé el sol en la playa - ¡pero con el jersey puesto!

b

miércoles 2

el miércoles pasado

> Nadé en la piscina climatizada.

c

jueves 3

BICIS
500 pesetas
la hora

el jueves pasado

> Alquilé una bici.

d

viernes 4

hace cinco días

> Bailé en la discoteca por la noche.

e

sábado 5 / domingo 6

el fin de semana pasado

> Visité un pueblo pesquero.

f

lunes 7

anteayer

> Cené en un restaurante con la familia.

g

martes 8

ayer

> Monté a caballo.

h

miércoles 9

hoy

> Compré recuerdos. ¡Lo pasé bomba en Tarragona!

1 La agenda de Isabel

a Escucha y lee.

b Escucha la conversación entre Isabel y Maite. ¿Qué opina Maite de las actividades? Apunta su respuesta. *Ejemplo* día **1** - ✔

Lo pasé muy bien ✔	Lo pasé bomba ✔✔	Lo pasé fatal ✘

2 Los días

◆ Mira la agenda de Isabel. Empareja los días y las fechas correctamente. *Ejemplo* **a** – el 9.

				el 4	el 7
a	hoy	**e**	el miércoles pasado	el 2	el 3
b	ayer	**f**	el fin de semana pasado	el 8	el 9
c	el martes pasado	**g**	hace cinco días	el 5/6	el 1
d	anteayer	**h**	el jueves pasado		

♣ Haz ◆. Escribe la fecha correcta para los días **a–f**. Hoy es el 9. *Ejemplo* **a** lunes el 7.

a Hace dos días.

b El sábado pasado.

c Hace una semana.

d Hace tres días.

e El domingo pasado.

f Hace ocho días.

3 ¿Qué hiciste?

◆ **A**: di una actividad. **B**: di la fecha.

♣ **A** pregunta ¿Qué hiciste? **B** contesta.

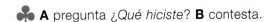

Nadé en la piscina.

¡El dos!

¿Qué hiciste anteayer?

Cené en un restaurante. Lo pasé bomba.

4 El juego de los aciertos

a Escucha a Charo y a Quique. Apunta la letra de sus tres actividades (mira la agenda de Isabel).

Ejemplo Charo **h** …

b Rellena el cuadro de las preguntas.

c ¡Haz el juego con tu pareja! **B** en secreto, escribe tres actividades. **A** ¡adivina!

¿Nadaste en la piscina?   *¡No!*

yo	tú
tomé	¿tomaste?
nadé	¿nadaste?
alquilé	¿alquil__?
bailé	¿bail__?
visité	¿visit__?
cené	¿cen__?
monté	¿mont__?
compré	¿compr__?

¿Quieres ver tus fotos aquí?
¡Escríbenos con los detalles de tus vacaciones!

1 ¿Adónde fuiste?
2 ¿Con quién fuiste?
3 ¿Qué tal el viaje?
4 ¿Qué hiciste?
5 ¿Lo pasaste bien?

Fui de vacaciones con la familia de mi amigo. ¡Lo pasé muy bien! De día, monté a caballo en el campo, practiqué la vela en un lago y jugué al tenis en el hotel. De noche, bailé en la discoteca. Raúl.

Fui de vacaciones al norte de España, a San Sebastián, con mi familia. La ciudad es bonita y elegante: compré muchos recuerdos y ropa. Todos los días, tomé el sol en la playa, que es muy bonita. ¡Lo pasé bomba! Marina

¡Estoy aquí en el norte! Ayer visité el pueblo de Potes en la montaña, y nadé en el rió - ¡qué frío! Ana.

Hace dos semanas, fui a Toledo en coche. Salí de casa a las ocho de la mañana y ¡llegué a las ocho de la noche! Me aburrí un poco. Pero la ciudad de Toledo es histórica - visité la catedral, que es muy bonita. El fin de semana, alquilé una bici y fui al campo. Angel

5 ¿Qué tal las vacaciones?

a Lee la página y mira las fotos. Hay una carta que no tiene foto - ¿cuál es?

b ¿Los jóvenes contestan a las preguntas *1–5*? Verifica.

Ejemplo Ana 1 ✔, 2 ✗

¡Cuidado!

jug**u**é
lleg**u**é
practi**qu**é
sa**qu**é

6 ¿Y tú?

a Túrnate con tu pareja: contesta a las preguntas *1–5* del artículo de arriba.

b Describe tus vacaciones. Añade fotos o dibujos, si quieres.

¿Qué hiciste?	tomé el sol	compré (recuerdos)	saqué (fotos)
	bailé (en la discoteca)	visité (un pueblo)	practiqué (la vela)
	cené (en un restaurante)	nadé (en el mar)	jugué (al squash)
	monté a caballo	alquilé (una bici)	hice (windsurf)
¿Qué tal lo pasaste?	lo pasé bien / bomba / fatal		

7 Las vacaciones en Colombia

♣ Jordi entrevista a Curro y a su hermana Inés.

a Escucha y lee.

JORDI	¿Fuisteis a Colombia, ¿no?
INÉS	Sí, pero no visitamos la capital Bogotá. Fuimos a Cali en la sierra.
JORDI	¿Qué hicisteis allí?
CURRO	¡Mucho! Visitamos el Museo de Azúcar ...
INÉS	En el campo, se cultiva la caña de azúcar.
CURRO	Vimos el río Cali ...
INÉS	...y sacamos un montón de fotos de la familia, y de las mujeres – ¡se dice que las mujeres de Cali son las más bellas de América del Sur!
CURRO	No sacamos fotos de la ciudad – compramos postales. Nadamos en la piscina y ...
INÉS	... cenamos fuera en el casco antiguo de Cali Viejo. Hay de todo – bares chinos, americanos. Una noche cenamos en un restaurante vegetariano.
CURRO	Otro día, tomamos tamales – pollo en las hojas del plátano o 'banana'.
INÉS	Visitamos también el barrio de Juanchito, donde escuchamos la 'salsa romántica'. Es una música bastante suave y muy agradable.
JORDI	¿Bailasteis la salsa?
INÉS	¡Curro no bailó mucho! Pero yo, sí. Allí se baila también la 'caleña' – es un baile difícil y muy rápido. ¡No la bailamos muy bien!
JORDI	¿Comprasteis algo típico de allí?
INÉS	Mmm... un día compramos cerámica en el mercado. Juan compró unas botas de cuero marrón. ¡Parece un cowboy!
CURRO	Alquilamos un coche, viajamos a la costa, y luego alquilamos un barco para ir a Gorgona.
INÉS	. Es una isla preciosa. Nadamos todo el día. Con sus playas blancas y el mar azul, es un paraíso tropical. Lo pasamos bomba allí.

Mapa: Bogotá, Gorgona, Cali, Parque Nacional de Puracé, Serranía de la Macarena

b Una de las alternativas **A**, **B**, o **C** no es verdad en cada frase – ¿cuál es? *Ejemplo* **1C**.

		A	**B**	**C**
1	Visitaron	la ciudad de Cali	la Isla de Gorgona	la capital, Bogotá
2	Sacaron	fotos de las mujeres	fotos de la ciudad	fotos de la familia
3	Cenaron	en el casco antiguo	en un restaurante vegetariano	en un bar chino
4	Alquilaron	un coche	bicicletas	un barco
5	Nadaron	en el mar	en el río	en la piscina
6	Compraron	artesanía	artículos de cuero	cerámica
7	Bailaron	la salsa	la salsa romántica	el baile caleña

c Rellena los huecos del cuadro. Busca las partes del verbo arriba.

8 Te toca a ti

♣ Entrevista a un amigo o una amiga, o describe tus vacaciones del año pasado con tu familia.

verbos -ar	
yo	bail**é**
tú	bail**aste**
él, ella, Ud.	bail_
nosotros	bail_
vosotros	bail_
ellos/as, Uds.	bail_

 Gramática 29.

Acción: lengua

How to ... • say what you did

• ¿Preparados?

Lee los globos y escribe los verbos en la columna correcta.

¿Adónde **fuiste** de vacaciones?
– **Fui** a Africa.
¿Lo **pasaste** bien?
– Sí. **Tomé** el sol y **nadé** en el mar … ¿**Te divertiste** en el Mediterráneo?
No. Lo **pasé** fatal. **Visité** una ciudad o dos, **comí** varios bocadillos …
– ¿No **bebiste** vino?
¡Sí, pero **bebí** demasiado!

yo	tú
	fuiste

• ¿Listos?

	bail**ar**	com**er**	sal**ir**	ir
yo	bail**é**	com**í**	sal**í**	**fui**
tú	bail**aste**	com**iste**	sal**iste**	**fuiste**
él, ella, Ud.	bail**ó**	com**ió**	sal**ió**	**fue**
nosotros	bail**amos**	com**imos**	sal**imos**	**fuimos**
vosotros	bail**asteis**	com**isteis**	sal**isteis**	**fuisteis**
ellos/as, Uds.	bail**aron**	com**ieron**	sal**ieron**	**fueron**

▶▶ Gramática 29, 30.

¿Adónde **fuiste**? Fui a Gales.
¿**Bailaste** en la discoteca?
Sí, **salimos** al centro por la noche.

Where **did you go**? **I went** to Wales.
Did you dance at the disco?
Yes, **we went out** to the centre at night.

• ¡Ya!

◆ Maite escribe en su agenda.
Elige el verbo correcto.

Martes 8

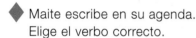

Hoy, yo (me divertí/te divertiste) mucho.
(Cogí/cogió) el tren con Tomás a Cambrils.
(Di/diste) una vuelta por el pueblo y
(comió/comí) en un bar al mediodía. Por la
tarde, Tomás (nadé/nadó) en el mar – ¡qué frío
en marzo! – y yo (leí/leyó) una revista. Luego,
yo (tomé/tomaste) chocolate con churros y Tomás
(escribí/escribió) postales a sus amigos en
Southport. Me gusta mucho Tomás… ♥

♣ Lee el poema y escribe la parte correcta del verbo.

El triángulo

Yo (*salir*) una noche contigo,
En el bar tú (*conocer*) a mi amigo.
Él (*comprar*) champán para ti,
Pero tú no (*comprar*) nada para mí.
Nosotros tres (*cenar*) en Reus,
Vosotros dos (*coger*) el autobús.
¿Y yo? Me quedé solo en la calle,
¡Y mi amigo y mi novia (*ir*) juntos al baile!

7–8 *Lectura y Proyectos*

——— ¿Eres atrevido/a? ¡Haz el test! ———

Imagina que fuiste de vacaciones y elige la respuesta que mejor te corresponda.

● *Fuiste al extranjero...*
a en avión
b en un tren súper rápido
c en helicóptero

● *Hubo varias excursiones. Tú elegiste ...*
a una excursión en barco de noche
b buceo con escafandra en el mar
c un vuelo en globo

● *Un/a chico/a español/a quiso salir contigo:*
a saliste con él/ella, a solas
b le dijiste que no
c saliste con él/ella y un grupo de amigos

● *Fuiste un día a la montaña. Tú ...*
a hiciste un cursillo de alpinismo
b hiciste senderismo
c subiste a la cumbre en teleférico

● *Cenaste en un restaurante. Tú ...*
a tomaste gazpacho y tortilla
b pediste pulpo en su tinta
c comiste pizza y patatas fritas

● *La última noche hubo una fiesta. Tú ...*
a te pusiste un disfraz
b llevaste algo informal y cómodo
c te vestiste elegantemente

Puntos:	Solución:
1 a–1, b–2, c–3	**6–8:** No eres muy atrevido/a – ¡hay que vivir un poco! ¿Qué te puede pasar?
2 a–1, b–3, c–2	
3 a–3, b–1, c–2	**9–12:** Eres bastante atrevido/a. Pero de vez en cuando, haz algo insólito: ¡Ánimo!
4 a–2, b–1, c–3	
5 a–2, b–3, c–1	**13–18:** Eres atrevido/a, y no tienes miedo. Pero cuidado con tu seguridad personal – no corras riesgos innecesarios.
6 a–3, b–1, c–3	

Poema de amor

Tú

Mis pensamientos leíste,
Mis lágrimas bebiste,
Mi soledad viste,
Y yo me alegré.

De mis sonrisas cenaste,
Mi corazón visitaste,
Por mis sueños bailaste,
Y yo me enamoré.

La vuelta al mundo

¿Conoces el libro o la película *La vuelta al mundo en 80 días*? Ahora puedes inventar la nueva vuelta al mundo. Trabaja solo/a o en grupo. Imagínate que tu viaje empieza y termina en España. Puedes utilizar todos los métodos de viajar que conoces y, si quieres, puedes buscar otros en el diccionario, diciendo por qué los prefieres. También puedes utilizar el diccionario para buscar los nombres de los países que visites.

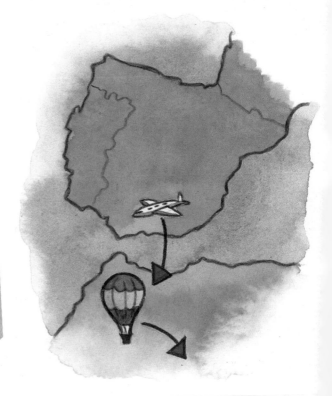

Para viajar de España al norte de África, prefiero ir en avión porque es más rápido. Para cruzar África, me gustaría viajar por vía aérea - en globo. ¡Es muy emocionante! Tomo un barco desde el oeste de África hasta los Estados Unidos...

2 ¡A ser poeta!

- Lee los poemas e inventa tu propio poema.

- Elige otras palabras, si quieres: : MAR, INVIERNO...
- Utiliza un diccionario.
- Escríbelo y diséñalo en ordenador, si quieres.

Verano
Arena
Calor
Amigos
Compañía
Ilusión
Ocio
Nadar
Excursión
Salir

¡Estupendo!

Salí con amigos,
O me divertí en casa,
Lo pasé bomba ...

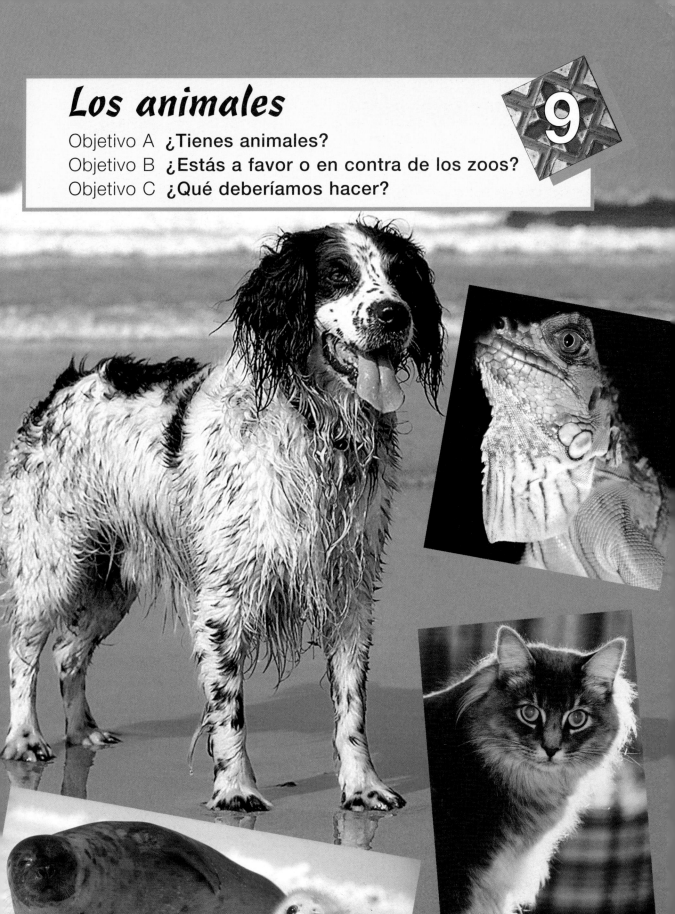

Los animales

Objetivo A **¿Tienes animales?**

Objetivo B **¿Estás a favor o en contra de los zoos?**

Objetivo C **¿Qué deberíamos hacer?**

9

9A

OBJETIVO
¿Tienes animales?

En *la Casa de los Animales*
Tengo...

1 un perro **2** un gato **3** un hámster **4** un ratón **5** un conejo

6 un pájaro **7** una serpiente **8** una cobaya **9** un gerbo **10** un pez

11 un insecto palo **12** una lagartija **13** una tortuga **14** no tengo animales

 ## 1 ¿Qué animales tienes?

a Escucha y lee.

b Escucha las frases **a–h**. ¿Qué animales tienen? *Ejemplo* **a** 3, 5

 ## 2 Encuesta

¿Tienes animales? Haz una encuesta en clase.

9.2

A ¿Tienes animales?

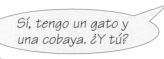 **B** Sí, tengo un gato y una cobaya. ¿Y tú?

No tengo animales.

Están dando *la Casa de los Animales* en la tele.

Yo no tengo animales. ¿Tienes animales, Maite?

Sí, tengo un perro.

Mira. Es marrón. Es bastante grande.

¿Y tú, Gary? ¿Tienes animales?

No.

¿Cómo es?

¿Cómo se llama? ¿Cuántos años tiene?

Se llama Carlito. Tiene cinco años.

¿Te gustaría tener animales?

No, no me gustaría.

¿Te gustaría tener otros animales, Maite?

Sí, me gustaría tener una tortuga. Isabel, ¿qué animal preferirías tener?

Tomás, ¿qué animal querrías tener?

En un piso y con el bebé... ¡Ni hablar! Yo no quiero animales.

Preferiría un gato. Me chiflan los gatos.

Pues yo querría tener una serpiente... o una lagartija... ¿Mamá?

¿Un insecto palo, quizás?

3 ¿Tienes animales?

Empareja las respuestas con las preguntas.

1 ¿Tienes animales?
2 ¿Cómo se llama?
3 ¿Cuántos años tiene?
4 ¿Cómo es?
5 ¿Te gustaría tener otros animales?
6 ¿Qué animales preferirías tener?

a Tiene cinco años.
b Sí, un perro.
c No, no me gustaría.
d Querría tener una serpiente.
e Es marrón y bastante grande.
f Carlito.

4 REPASO

a ¿Qué otros colores conoces para describir a los animales?
Completa **n** _ _ _ _, **b** _ _ _ _ _, **g** _ _ _, **v** _ _ _ _ *Ejemplo* **n**egro

◄◄ página 20

b Completa la lista.
►► Gramática 4

sing.	plur.
un perro	dos perro**s**
una tortuga	tres ?
un hámster	cuatro ?
un ratón	cinco ?
un pez	seis ?

5 ¿Qué animal preferirías tener?

Túrnate con tres o cuatro amigos. Utiliza las preguntas de la actividad 3.

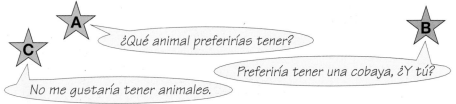

A ¿Qué animal preferirías tener?
B Preferiría tener una cobaya, ¿Y tú?
C No me gustaría tener animales.

6 Los animales escondidos

◆ Busca los nombres de los animales escondidos.

1 ZEP	**2** SHTREÁM	**3** JONCOE	**4** TOGA
5 GROBE	**6** JAGRATAIL	**7** RATGOUT	**8** PINETREES

7 La Casa de los Animales

◆ En el programa, el presentador Enrique Gallo habla con María Elena. Copia la conversación y rellena los huecos con las palabras del cuadro.

EG Hola, María Elena. ¿Qué tienes aquí?

ME *Tengo una …*

EG A ver, ¿cómo es? Mmm… es pequeña y … ¿Cómo se llama?

ME *Se llama Ondulosa.*

EG ¿… años tiene?

ME *… seis meses.*

EG ¿Te … tener otros animales?

ME *Sí. Me gustaría tener un … ¿Y tú, Enrique? ¿Qué animales … tener?*

EG Pues, yo tengo muchísimos animales, ¿sabes? ¡No vivo en un …, vivo en un zoo!

gustaría	preferirías	serpiente
verde	piso	cuántos
gerbo	tiene	

 ## 8 ¿Qué más?

◆ Prepara una lista de otros animales. *Ejemplo*

un caballo, un papagayo…

 ## 9 Con tu pareja

◆ Prepara otra entrevista con Enrique Gallo.
Utiliza las preguntas de la actividad 3 como modelo.

¿Tienes animales? ¿Qué animales tienes?			No tengo/Tengo animales		un conejo un gato un gerbo un hámster un insecto palo un pájaro un perro	un pez un ratón una cobaya una lagartija una serpiente una tortuga
¿Qué animal	te gustaría preferirías querrías	tener?	Me gustaría Preferiría Querría	tener…		

10 ¿Te gustan los animales domésticos o no?

a Lee las opiniones **1–14** de Teresa y el abuelo. ¿Quién habla, Teresa o el abuelo?

> No me gustan los animales domésticos porque…

> Me gustan los animales domésticos porque…

> ¡No estoy de acuerdo!

> ¡No tienes razón!

1 … son cariñosos con los bebés.
2 … son caros.
3 … necesitan una alimentación especial.
4 … son sociables.
5 … son portadores de microbios.
6 … son muy inteligentes.
7 … no son muy cómodos.
8 … son sucios.
9 … pueden hacer compañía a las personas solitarias.
10 … necesitan a alguien para cuidarlos en las vacaciones.
11 … pueden ayudar a disminuir el estrés y la depresión.
12 … son peligrosos.
13 … pueden atacar a los bebés.
14 … pueden ayudar a los ancianos.

b Escucha la conversación. ¿Tienes razón? *Ejemplo* **1** *El abuelo*

11 ¿Por qué?

Rellena los huecos con **porque** o **pero**.

1 Los perros son peligrosos … pueden atacar a los bebés.
2 Los gatos son un poco caros … pueden hacer compañía a las personas solitarias.
3 Los ratones son portadores de microbios … son sucios.
4 Los conejos son muy simpáticos … pueden ayudar a disminuir la depresión y el estrés.
5 Los perros y los gatos son cariñosos … pueden atacar a los bebés.
6 Los pájaros no son fáciles de cuidar … necesitan a alguien para cuidarlos en las vacaciones.

12 ¿Qué opinas tú?

¿Te gustan los animales domésticos?
Escribe un párrafo y explica lo que opinas tú. Adapta las frases de la actividad 11.

(no) me gustan los animales domésticos			
los animales	(no)	son	(caros)
(los perros)		pueden	(atacar a los bebés)
(los gatos)		necesitan	(comida especial)

9B

OBJETIVO

¿Estás a favor o en contra de los zoos?

Se pasa el fin de semana en Madrid. Se visita el zoo. Pero...

¿Estás a favor de los zoos, Maite?

No. Los animales están aislados.

Pero, están en buenas condiciones.

No tienen compañía.

¡Mira! Aquí tienen mucha compañía.

Hmm. Pero están enjaulados.

En peligro de extinción. Sólo dos en el mundo... Aquí no están en peligro.

Pero no tienen espacio propio.

Siempre tienen comida.

Están en malas condiciones.

¡No estoy a favor de los zoos!

¡Estoy en contra de los zoos!

1 Vamos al zoo

a ¿Quién habla? ¿Maite, Isabel, Gary o Tomás?   *Ejemplo* **1** Gary

1 Tienen compañía.
2 Están enjaulados.
3 Están aislados.
4 No tienen espacio propio.

5 No están en peligro.
6 Están en buenas condiciones.
7 Están en malas condiciones.
8 Siempre tienen comida.

b ¿A favor o en contra?
Completa la lista.

Estoy a favor de los zoos.   Estoy en contra de los zoos.
Los animales tienen compañía.   Los animales están enjaulados.

2 ¿Estás a favor de los zoos?

◆ Escucha las opiniones en la radio y rellena los huecos. ¡Sobran dos!   *Ejemplo* **1**

No sé. **Si** están aislados, si no ...(1)... espacio propio, estoy ...(2)... contra.

Depende. Si los animales ...(3)... en buenas condiciones, estoy a favor.

Normalmente los animales tienen ...(4)... y comida; estoy ...(5)... favor.

...(6)... en contra de los zoos **porque** los ...(7)... no tienen espacio propio.

Muchas veces los animales están en ...(8)... condiciones. Estoy en ...(9)...

compañía	en	animales	contra	estoy
están	condiciones	tienen	a	aislados	malas

♣ Haz ◆ . ¿Cómo se dicen en inglés las palabras que están **en negrita** ?

3 ¿Y tú? ¿Qué opinas?

◆ ¿Estás a favor o en contra de los zoos? Trabaja en grupo. Utiliza las opiniones de arriba.

A ¿Estás a favor de los zoos?

B Sí. Los animales están en buenas condiciones. ¿Y tú, estás en favor?

C No, los animales están enjaulados.

♣ Completa.
Depende. Si están en malas condiciones estoy en contra porque...

Táctica: lengua

Se escribe...

te = (to) you   té = ?
si = ?   sí = ?
solo = ?   sólo = ?
tu = ?   tú = ?

4 ¿Qué hacer? ¡Vamos al zoo!

◆ Lee el folleto y las opiniones de los visitantes.

¿Están **a favor** o **en contra** de los zoos?   *Ejemplo*   José = a favor y en contra.

JOSÉ
> No sé... los animales no están en peligro de extinción. Siempre tienen comida. Pero muchas veces están aislados y no tienen compañía.

RUBÉN
> Los animales no están tristes. Normalmente tienen compañía, y espacio propio. No están aislados. ¡Me chiflan los zoos!

SILVIA
> Yo pienso que aquí los animales no están en buenas condiciones. Por ejemplo, no tienen espacio propio, y muchos animales están enjaulados y aislados.

DANIEL
> Pienso que aquí las condiciones no son malas. Pero algunos animales están enjaulados y aislados y no tienen compañía. Depende.

ALICIA
> Normalmente los animales tienen compañía y no están aislados. Las condiciones no están malas - pienso que tienen bastante espacio propio.

MARISA
> En este zoo la mayoría de los animales no están enjaulados y tienen bastante compañía. Todos tienen espacio propio.

5 Y tú, ¿qué opinas del zoo?

◆ Utiliza el folleto, las opiniones y el cuadro para preparar tus opiniones personales.

¿Estás a favor/en contra de... ?	Estoy a favor/en contra de...	los zoos
Los animales	(no) tienen	compañía espacio propio comida
	(no) están	en buenas/malas condiciones aislados enjaulados en peligro de extinción

6 El oso de los Pirineos

♣ Lee el artículo sobre los osos. Utiliza el diccionario si quieres.

Hace cien años había muchos osos en la región de los Pirineos pero hoy en día solamente quedan seis allí. Para aumentar la población de osos pirenaicos el gobierno francés ha soltado a otros tres – un macho y dos hembras. Pero no todos los habitantes del Pirineo están a favor...

RICARDO En los zoos los osos viven en jaulas porque están en peligro de extinción. Es una lástima.

LUZ Pero en libertad, los osos pueden ser peligrosos. Pueden atacar a los hombres.

RICARDO El oso no es peligroso para el hombre, sino tímido. Tiene miedo del hombre. En Europa el oso convive con el hombre desde hace mucho tiempo. Los osos no son agresivos sino pacíficos. Sólo atacan para defenderse y para comer. Atacan para sobrevivir.

LUZ Los nuevos osos se han adaptado muy bien. Los Pirineos son muy grandes y tienen mucha vegetación. Pero los osos atacan a los animales. En mi pueblo un oso comió tres ovejas, por ejemplo. Es un gran problema para los pastores enfadados.

RICARDO Es verdad que de vez en cuando un oso puede matar a otros animales. Pero la Unión Europea paga a los pastores por cada oveja que matan los osos.

LUZ El pastor no solamente cuida a sus animales sino también les tiene cariño. El dinero no es una solución. Es un insulto.

> **pero** = *but*
> **sino** = *but* (contradicting a negative)
> **no solamente... sino también...** = *not only ... but also ...*

7 Empareja las frases

♣ Empareja las frases con **pero**, **sino** o no **solamente**... **sino también**.
Ejemplo El dinero no es una solución, **sino** un insulto.

1	El dinero no es una solución.	Es un insulto.
2	El gobierno ayuda a los osos.	Ha soltado a otros tres.
3	Los pastores no están contentos.	Están enfadados.
4	Los osos atacan a otros animales.	Matan a las ovejas.
5	La Unión Europea paga a los pastores.	No es una solución.
6	Los osos no son agresivos.	Atacan para sobrevivir.

9C
OBJETIVO
¿Qué deberíamos hacer?

En la familia de Tomás, no todo el mundo está de acuerdo.

1 ¿Deberíamos o no deberíamos?

◆ **a** ¿Qué opinan Tomás y Maite? Contesta **verdad** o **mentira**. *Ejemplo* **1** mentira.

1 No deberíamos comer huevos de casa.
2 Sería mejor comprar productos que han sido probados en animales.
3 No deberíamos llevar pieles.
4 No deberíamos prohibir la caza.
5 No sería mejor prohibir el tráfico de animales exóticos.
6 Sería mejor boicotear los circos.

♣ **b** Corrige las frases falsas.

2 Las opiniones

◆ **a** Escucha y empareja las opiniones **1–6** con los globos **a–h**.   *Ejemplo* **1b**

a No deberíamos comprar productos que han sido probados en animales.

d Deberíamos boicotear los zoos.

b Sería mejor no comprar huevos de granja.

e Sería mejor no llevar pieles.

c Sería mejor no comer carne.

f Deberíamos prohibir el tráfico de animales exóticos.

♣ **b** Escucha otra vez. Empareja cada opinión con la expresión correcta.
Ejemplo **1** ¡Es una barbaridad!

¡Es cruel!

¡Es imperdonable!

¡Es inaceptable hoy en día!

¡Es una barbaridad!

¡Es inhumano!

¡Es una falta de compasión!

3 ¿Es importante?

◆ Haz una encuesta en la clase. Utiliza el cuadro.

Ejemplo

	Es importante	No hay nada malo	No es importante
prohibir la caza	✔		
boicotear los zoos			

4 ¿Qué opinas?

Trabaja con tu pareja. Pregunta y contesta. Utiliza el cuadro.

A ¿Sería mejor prohibir la caza?

B Para mí, no es importante prohibir la caza. ¿Y para ti?

Para mí, sí. Deberíamos prohibir la caza.

para mí, sí	para mí, no

♣ Haz ◆. Incorpora las frases de la actividad **2b**.

Táctica

el (tráfico) es (una barbaridad)   sería mejor prohibir**lo**
la (caza) es (inhumana)   sería mejor prohibir**la**

¿Qué deberíamos hacer?	(No) deberíamos	prohibir	la caza el tráfico de animales exóticos
	Sería mejor	boicotear	los zoos los circos
	¿Qué opinas de…? No hay nada mal en	(no) comprar	chaquetas de pieles productos biológicos que han sido probados en animales
	(No) es importante	(no) comer	carne huevos de casa/granja

5 Los títulos confusos

Begoña prepara un artículo sobre los derechos de los animales. Pero los títulos están confusos.

◆ **a** Empareja cada título con el párrafo correcto. ¡Sobra un título! *Ejemplo* **1f**.

a		c		e	
Es importante prohibir la caza		**En contra de las pieles**		**¿Os gustaría ir al circo?**	

b		d		f	
Los productos de belleza - sin crueldad hacia los animales		**¿Granja o casa?**		**¿El tráfico de los animales exóticos - bueno o no?**	

¿Somos cariñosos con los animales, o no?

1

Hoy en día muchas personas prefieren tener un animal doméstico. Pero en mi opinión es una barbaridad llevar a los animales de su entorno natural. Pasar mucho tiempo en avión o en barco es cruel, porque los animales están enjaulados y a veces viajan en malas condiciones.

2

Es una falta de compasión tener un animal enjaulado, sin espacio propio, ¿verdad? Las gallinas enjauladas no están contentas, pero muchas personas continúan comprando sus huevos. ¿Por qué? Porque son menos caros.

3

Probar los productos de belleza en animales es muy cruel y no es necesario. Sería mejor no comprarlos. Hay que leer la etiqueta antes de comprar el producto. Se pueden comprar muchos productos orgánicos que son muy buenos.

4

En Europa la caza de pájaros y pequeños animales es muy popular. No estoy a favor – es inaceptable. Deberíamos prohibirla. Los pobres animales tienen miedo. Además hoy en día muchos animales están en peligro de extinción.

5

... Estos animales están muchas veces en malas condiciones – están enjaulados, y no tienen compañía ni espacio propio. También son explotados porque tienen que bailar o jugar para el público. Es importante boicotear los circos que tienen animales.

♣ **b** Prepara el párrafo que falta. Utiliza el cuadro de la página 131.

6 ¿Qué harías?

a Lee los sueños de Tomás…

b En los sueños de Isabel rellena los huecos con las palabras correctas.

Si fueras Ministro para la defensa de los animales, Tomás, ¿qué **harías**?

Prohibiría el tráfico de animales exóticos porque muchas veces los animales están en malas condiciones.

No me **gustaría** usar productos que han sido probados en animales sino siempre compraría productos orgánicos.

No **comería** huevos de granja. **Preferiría** comprar huevos de casa. **Lucharía** también para mejores condiciones en las granjas.

No solamente **boicotearía** los circos y los zoos en malo estado, sino también los **prohibiría**.

¿Y tú, Isabel? ¿Qué **harías**?

Si yo fuera Ministra para la defensa de los animales, ¿qué **haría**?

No estoy en contra de todos los zoos, pero _____ los zoos en mal estado.

_____ también para mejores condiciones en los circos.

Estoy en contra del tráfico de pieles, y no _____ chaquetas de pieles porque no me _____ llevarlas.

No _____ carne ni pescado. _____ comer verduras y frutas.

_____ la caza de animales salvajes porque hay muchos animales en peligro de extinción.

boicotearía	compraría	comería	prohibiría	gustaría	preferiría	lucharía

7 ¿Y tú?

♣ Si fueras Ministro/a para la Defensa de los Animales, ¿qué harías? Trabaja con tu pareja. Utiliza la conversación en la actividad 6 como modelo. Graba tu conversación.

Acción: lengua

How to ... • say what you would and wouldn't do

● ¿Preparados?

Elige el verbo correcto para completar las frases.
Ejemplo **1** ¿Preferirías comer huevos de casa, Tomás?

1 ¿(*Preferiría/preferirías*) comer huevos de casa, Tomás?
2 Isabel, ¡tú no (*deberías/deberíamos*) comprar una chaqueta de pieles.
3 Nosotros (*debería/deberíamos*) boicotear los zoos.
4 (*Sería/serías*) mejor prohibir la caza.
5 ¿(*Querrías/querría tener*) un animal, Isabel?
6 Yo (*preferiría/preferirías*) tener un gato.

● ¿Listos?

	comprar	ser	preferir	querer *	hacer *
yo	compra**ría**	se**ría**	preferi**ría**	que**rría**	ha**ría**
tú	compra**rías**	se**rías**	preferi**rías**	que**rrías**	ha**rías**

▶▶ Gramática 32

* irregular
deber (nosotros deber**íamos**)

● ¡Ya!

◆ Copia y completa los carteles con (NO) DEBERÍAMOS o SERÍA.

Ejemplo **1** Sería mejor prohibir la caza.

1
_____ MEJOR PROHIBIR LA CAZA.

2
NO _____ COMER CARNE.

3
_____ COMPRAR HUEVOS DE CASA.

4
_____ MEJOR BOICOTEAR LOS CIRCOS.

5
_____ MEJOR NO LLEVAR PIELES.

6
NO _____ COMPRAR PRODUCTOS QUE HAN SIDO PROBADOS EN ANIMALES.

♣ En la entrevista con Kiko, escribe la forma correcta del verbo.

ENT: Kiko, ¿qué (*hacer*) si fueras Ministro para la Defensa de los Animales?
KIKO: Pues, no (*comprar*) productos que han sido probados en animales… (*Boicotear*) los circos y los zoos.
ENT: ¿Qué (*querer*) hacer para los animales exóticos?
KIKO: (*Prohibir*) el tráfico no solamente de animales exóticos sino de cuervos también.
ENT: ¿Y la caza? ¿Te (*gustar*) prohibir la caza?
KIKO: Ah, ¡la caza, claro que la (*prohibir*) para siempre!

Opiniones

Objetivo A ¿Qué tipo de película prefieres?
Objetivo B ¿De qué se trata?
Objetivo C ¿Te gustó?

10

DOMINGO **16**
5:35 h TOP C-SUR

«Mayor...

...tern 128 m...
...DAD COM...
...TÍSTICA ★...
...la la Guer...
...rupo de...
...llería de...
...son enca...
...con el te...
...a Charrib..., que se oculta
...éxico. Para que le ayu...
...en esta misión, el mayor
...dee reclama la ayuda...
...rupo de prisioneros...
...a los que promete la...
...na vez terminada. Te...
...lícula de Peckinpah,
...ozada a causa de l...
...os montajes que...
...ron sobre ella p...
productora. Pe...
...as barbaridades...
..., un film excele...
ctor: Sam Pe...
pretes: Charl...
...rd Harris, Ja...
...Senta Berg...
...SA. 1965...

VIOLENC...

35 h...
«Caln...
...r 93 mil...
...AD COM...
...STICA ★...
...areja e...
...e un...
...el trau...
...nado...
...ño hij...
...omóvil...
a un...
... que...
...co po...
...ndo,...
...co c...
...n m...
...Un t...
...hab...
...on V...
...fue...
...rab...
...and...
..., é...
...Ni...
...Cr...
...el m...
...cias...

MAYOR DUNDEE TOP

00:30 h A-3
«Tres solteros y un biberón»

...de América. Uno de los filmes franceses más exitosos de los ochenta, cuyo ingenio traspasó las fronteras dando lugar a su correspondiente versión americana, *Tres hombres y un bebé* (no en v...

...vale de un puñado de...
...entarse a los a...
...nto western d...

...dejaba co...
...duría a la...
...dos los res...
...los que cre...
maestra.

Director: Alfred Hitchcock.
Intérpr... Robert Walker,
Farley...
...Leo G...

...ISTICA ★
Un film ideológicamente peligroso pues justifica a un sheriff que decide implantar la ley a golpe de bates de beisbol. Está basado en las andanzas de un personaje real y su éxi... provocó el rodaje de dos... de TV.

Director: Phil Karlson.
Intérpretes: Joe Don Baker, Elizabeth Hartman, Rosemary Murphy
...Color.
...HUMOR SEXO
La 2

...de
...iversal»
...1 min.
...COMERCIAL SC
...SC

Historia urbana en clave de comedia negra ambientada en Bogotá. Los celos de un preso español que ordena ir a... cubrir...

ESTRENO en TV

21.45 h.
La muerte os sienta tan bien
Nunca habrías imaginado que la juventud eterna pudiera dar tantos problemas... Humor negro, efectos especiales... Meryl Streep, Goldie Hawn y Bruce Willis protagonizan esta gran comedia.

Lo tuyo es L...

LUNES **17**
11:00 h La 2
«La morada de los dragones»

Drama 90 min.
CALIDAD COMERCIAL ★★
ARTÍSTICA ★★

EL JOVEN CINE ESPAÑOL: UN NUEVO ESTILO.

¡HOLA ESTÁS SOLA?
Dirección: Iciar Bollaín
Enero 1996

ALMA GITANA
Dirección: Chus Gutierrez
Febrero 1996

EX...

MALENA...
Dirección: Mariano Barroso
Febrero 1996

VIOLEN...

Volando libre

Amy (Anna Paquin) se convierte en 'madre adoptiva' de unos gansos.

Amy cría a los gansos con la ayuda de su padre y la novia de éste (Jeff Daniels y D. Delany, arriba, dcha.).

Amy (Anna Paquin) tiene 13 años y su madre acaba de morir. Ahora, tendrá que vivir junto a su padre (Jeff Daniels), casi un extraño, y la novia de éste (Dana Delany), en una granja de Nueva Zelanda. Un día, paseando por el bosque, descubre un nido de huevos de ganso... sin madre. Los cría hasta que salen de su cascarón y, casi sin querer, se convierte en su 'madre adoptiva'. Sólo hay algo que ella no puede hacer: enseñarles a volar. Y sin saber volar morirán, ya que no pueden emigrar... Puedes ver esta tierna historia desde el 7 de febrero.

CALIDAD COMERCIAL...
- ARTÍSTICA ★★

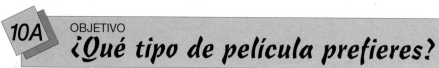

10A

OBJETIVO
¿Qué tipo de película prefieres?

¿Vamos al cine?

Sí. ¿Qué tipo de película te gusta, Tomás?

1

¿Las películas románticas? ¡No!

2

¿Las películas históricas? No.

3

¿Las películas policíacas? Mmm…

4

¿Las películas de aventuras? Sí.

5

¿Los westerns? No.

6

¿Las películas de ciencia ficción? Sí.

7

¿Las películas de terror? Hmm…

8

¿Las comedias? Sí.

9

¿Las películas de guerra? ¡No!

10

¡Los dibujos animados!

¡Sí! Me encantan.

Pues a mí también me encantan.

1 Las películas

a Escucha y lee la conversación entre Maite y Tomás.

b ¿Se pueden identificar las películas por su música y sus efectos especiales?
Escucha los fragmentos **1–8** y escribe qué tipo de película representan.
Ejemplo **1** – las comedias.

2 ¿Qué opinan los amigos?

◆ Escucha la conversación entre Gary, Maite, Tomás e Isabel. Empareja correctamente las dos partes de las frases. *Ejemplo* **1b**.

♣ Haz ◆. Apunta también el nombre de la persona que lo dice. *Ejemplo* **1b**, Gary.

1	♥♥	Me encantan ...	**a**	... las películas de guerra
2	♥♥	Me chiflan ...	**b**	... las películas de terror
3	♥	Me gustan ...	**c**	... los dibujos animados
4	☺	No están mal ...	**d**	... las películas románticas
5	✗	No me gustan ...	**e**	... los westerns
6	✗✗	Odio ...	**f**	... las comedias
7	✗✗	No aguanto ...	**g**	... las películas policíacas

3 ¿Y tú?

Trabaja con tu pareja. Da tu opinión sobre las películas.

◆ Utiliza las expresiones *1–7* de la actividad 2.

♣ Utiliza otras expresiones que conoces.

A — ¿Te gustan las películas de terror?

B — Sí, ¡me chiflan!

A — ¿Qué te parecen las películas de terror?

B — ¡No aguanto las películas de terror!

♣
¿Te gustan ...	las películas de (guerra)?
¿Qué opinas de ...	los dibujos animados?
¿Qué te parecen ...?	los westerns?

4 ¿Qué tipo de película es?

◆ Haz una lista de cinco películas que te gustan (o no): ¿qué tipo de película son?
Ejemplo Me gusta *Starship Troopers* – es una película de ciencia-ficción.

♣ Lee los títulos de las películas famosas *1–7*: ¿cómo se traducen en inglés?, y ¿qué tipo de película son?
Ejemplo 1 *El Paciente Inglés (The English Patient)* es una película romántica.

1 El Paciente Inglés

4 El Cuento de la Selva

6 Tiburones

2 Hombres de Negro

3 Cuatro Bodas y un Funeral

5 Los Inconquistables

7 El Santo

5 REPASO ¿Por qué?

a Lee las opinones **1**–**6**. ¿Cómo se dicen en inglés las palabras <u>subrayadas</u>?
Ejemplo **1** <u>interesantes</u> = interesting.

1 Me encantan los westerns: son <u>interesantes</u>.

2 No me gustan los dibujos animados: son <u>aburridos</u>.

3 Me gustan las películas de aventuras porque son <u>emocionantes</u> y de acción <u>rápida</u>.

4 No aguanto las películas de terror: son <u>estúpidas</u>.

5 Me gustan las películas policíacas, porque son <u>divertidas</u>.

6 No están mal las películas románticas, pero son de acción muy <u>lenta</u>.

b ¿Estás de acuerdo con las opiniones **1**–**6** de arriba? Apunta tu opinión personal. Escribe ✔ **estoy de acuerdo** o ✗ **no estoy de acuerdo**.

c Copia y completa el cuadro de la derecha: mira las opiniones **1**–**6** de arriba.

¡Las películas sobre la naturaleza son súper interesantes!

porque, pero	
los (westerns) son …	**las** (comedias) son…
aburrid**?**	aburrid**as**
divertid**os**	divertid**?**
estúpid**os**	estúpid**?**
interesant**?**	interesant**es**
emocionant**es**	emocionant**?**
de acción rápid**a**	de acción lent**a**

6 ¿Qué opinas tú?

Explica qué tipo de película te gusta o no te gusta, y por qué. Utiliza las opiniones de la actividad 5 como modelo.

¿Qué tipo de película prefieres?		
Me encantan / me chiflan	las películas de aventuras	las películas históricas
No están mal	las películas de ciencia-ficción	las películas policíacas
(No) me gustan	las películas de guerra	las películas románticas
Odio	las películas de terror	los dibujos animados
No aguanto	las comedias	los westerns

7 ¿En casa o en el cine?

♣ a Lee las opiniones **1**–**8** de los jóvenes: utiliza la sección de vocabulario. En tu opinión, ¿hablan de ver las películas **en casa** o **en el cine**? *Ejemplo* **1** – en casa.

♣ b Escucha la conversación. ¿Tienes razón? Corrige tus respuestas. *Ejemplo* **1**– en casa ✔.

1 El sonido es peor.

8 Hay más gente.

2 El ambiente es mejor.

7 Hay más basura.

3 La pantalla es más grande.

6 Hay menos distracción.

4 La pantalla es pequeña.

5 Hay menos ruido.

8 La carta de Remedios

Lee la carta de Remedios. Rellena correctamente los huecos. ¡Cuidado - sobran dos palabras!
Ejemplo **1** – tele.

basura	grande
tele	menos
tipo	sonido
románticas	pequeña
más	aventuras

Me preguntas dónde prefiero ver las películas. De verdad, no sé si prefiero verlas en el cine o en la …(1)…. Es que depende del …(2)… de película. Me gusta ver las películas de …(3)… en el cine: el ambiente es mejor y la pantalla es más …(4)…. Y si es una película con buena música, también prefiero el cine porque el …(5)… es mejor. Lo único, es que no me gusta la …(6)… que hay en el cine: a veces está muy sucio. Pero me gusta ver las películas …(7)… o históricas en casa, porque hay menos gente y …(8)… distracción. Es más íntimo - ¡y más barato también!

9 Personalmente

Prepara una pequeña exposición, para hacer en clase. Si prefieres, hazla en forma de entrevista con tu pareja. Habla de …

- ● las películas que te gustan
- ● las películas que no te gustan
- ● donde prefieres verlas
- ● por qué

¿Prefieres ver las películas en el cine o en la tele?			Prefiero verlas en el cine / en la tele / en casa	
en casa	el sonido, el ambiente	es	mejor, peor	
en la tele	la pantalla	es	más / menos	grande, pequeña
en el cine	hay		más / menos	ruido, basura, distracción, gente

10B

OBJETIVO
¿De qué se trata?

Gary mira la teleguía.

Isabel, ¿qué quieren decir estos símbolos en español?

Vamos a ver, Gary ...

1 un secuestro

2 un robo

3 un atentado

4 un viaje

5 un chantaje

6 una misión secreta

7 una amistad

8 una historia de amor

9 una misión científica

10 una lucha entre el bien y el mal

11 vampiros

12 fantasmas

1 ¿De qué se trata?

a Escucha y lee con Isabel y Gary.

b Juego de memoria con tu pareja o en grupo. Primero, mira los símbolos **1–12** atentamente: ¡tienes tres minutos!

◆ **A** empieza la expresión. **B** la termina.

A: Se trata de un at ....

B: ¡Un atentado!

♣ **A** dice un número. **B** dice de qué se trata en español.

A: ¡Número tres!

B: Se trata de un atentado.

2 ¡Vete al cine!

Canta la canción con la clase.

3 Cuéntame

a Escucha y lee la historia.

b Rellena los huecos en el comentario de Maite. *Ejemplo* **1** Fui.

1 al cine con Tomás y **2** la película La Dama y el Vagabundo de Walt Disney. Se **3** de un perro y una perrita: **4** una historia de amor. Me **5** mucho - **6** muy bonita.

gustó
es
fui
era
trata
vi

4 La teleguía

◆ Lee los detalles de las películas. Utiliza la Táctica. ¿Qué tipo de película es?, y ¿de qué se trata? Copia y completa la Guía Rápida.

Táctica - cuando NO utilizar el diccionario.

Busca las palabras parecidas a otras palabras que ya conoces.

secuestrar > secuestro
aventurero > aventura

GUÍA RÁPIDA

Título	Tipo de película	Se trata de ...
Nada	película de aventuras	un secuestro

Los estrenos de la semana

Martes 10.30, TV-3

Nada

Un pequeño grupo aventurero y anarquista quiere secuestrar al embajador de los Estados Unidos en Francia. Película de acción dirigida por Claude Chabrol.

Miércoles 22.00, Canal Sur

Un pez llamado Wanda

Película norteamericana-británica de gran éxito, con la colaboración del director Charles Crichton. Los miembros de una banda - compuesta por algunos cómicos del grupo Monty Python - intentan robar joyas. Argumento extraño pero divertido.

Jueves 22.30 Tele 5

El paciente inglés

Una relación amorosa se desarrolla en el desierto. Guión magnífico, música encantadora. ¡Para no perdérsela!

Viernes 21.40, Antena 3

La Guerra de las Galaxias

Historia escrita, dirigida y producida por George Lucas, origen de la saga continuada en *El imperio contraataca, y El retorno del jedi.* Con estupendos efectos especiales en esta historia del enfrentamiento entre el bien y el mal en un mundo futuro.

Sábado 19.30 TVG

Una amenaza de mil millones

Robert Sands, un agente secreto norteamericano, es enviado a Colorado para investigar una serie de extrañas apariciones de OVNIs (objetos volantes no identificados).

Domingo 16.00, La 2

Único testigo

Un niño es testigo accidental de un asesinato en los lavabos de una estación de tren en Nueva York. Señala a un policía corrupto. De repente, todos corren peligro. El único refugio es la comunidad Amish del niño y de su madre. Un final de los cardiacos. Sencilla y terriblemente efectiva.

5 Te toca a ti

◆ Prepara tus respuestas personales a las preguntas **1–4**. Entrevista a tres o cuatro amigos/as y contesta a sus preguntas.

1 Cuéntame algo de la última película que viste.

Vi ...

2 ¿De qué se trata?

Se trata de ...

3 ¿Te gustó?

Sí / no ...

4 ¿Cómo era?

Era ...

Cuéntame algo de la (última) película (que viste).	Vi (*Drácula*)
¿De qué se trata?	Se trata de ... / Es la historia de ...
¿Te gustó?	Me gustó un poco, bastante, mucho.
¿Cómo era?	Era (muy) divertida, bonita, extraña ...

6 Poco, mucho, suficiente, demasiado

a Lee la información sobre las películas y las opiniones de los jóvenes: ¿de qué película hablan? *Ejemplo* Catalina – *Calma total*.

No me gustó la película, porque - a mi parecer - había demasiada música y no suficientes personajes interesantes. *Rosario*

A mí, me gustó. En la nueva versión – con sus muchos efectos especiales – había suficiente humor. ¡Me chiflan los robots! *Manolo*

En mi opinión, había demasiado sexo y demasiada violencia: no me gustan las películas de este tipo. *Íñigo*

A mi modo de ver, había demasiado diálogo y demasiada emoción, y no suficiente acción. *Catalina*

Personalmente, no me gustó la película. Tenía mucha acción y mucha violencia, pero tenía poco argumento. *Jorge*

Una película ideal para toda la familia: tenía mucho humor, mucha acción, poca violencia y buena caracterización. Cruella de Vil es muy cruel, Anita y Roger son amables, y los perros son encantadores. *Alicia*

Doble cuerpo
Película de terror 110 min.
Un jóven actor en paro observa con su telescopio los bailes insinuantes de una joven que vive en el piso de enfrente. Este juego inocente se convierte en tragedia cuando el actor ve a alguien asesinar a la joven y él, ante la imposibilidad de encontrar el cuerpo de la víctima, no es creído por la policía.

AMOR VIOLENCIA HUMOR SEXO

El imperio contraataca
Ciencia ficción 135 min.
La segunda parte de la serie *La Guerra de las Galaxias* con todos vuestros personajes favoritos, incluyendo los famosos cómicos C3PO y su compañero constante R2D2.

AMOR VIOLENCIA HUMOR SEXO

Cuatro chicas en acción
Acción 90 min
Detrás de una cadena internacional de gimnasios, hay una organización dedicada a resolver casos criminales y terroristas. Cuatro guapas profesoras de aeróbica forman un comando especializado en secuestros. Historia muy floja. Totalmente prescindible.

AMOR VIOLENCIA HUMOR SEXO

Evita
Drama 145 min
Drama musical con Madonna en el papel de Evita Perón, primera dama de la Argentina. Un escaparate para la cantante americana, sin ninguna revelación nueva de Evita. Poca caracterización. Para adolescentes aburridos y fans de Madonna.

AMOR VIOLENCIA HUMOR SEXO

Calma total
Película de terror 93 min.
Una pareja está de viaje en un velero para olvidarse de la trágica muerte de su pequeño hijo en un accidente de automóvil. En alta mar socorren a un extraño joven, lo que desencadena emociones fuertes. Película de terror psicológico e inquietante con Nicole Kidman, la esposa de Tom Cruise.

AMOR VIOLENCIA HUMOR SEXO

101 Dálmatas
Comedia 110 min.
El clásico animado de Walt Disney, convertido en largometraje con personajes de carne y hueso. Ambicioso proyecto de Disney con 99 cachorros, varios perros adultos y un reparto de actores de gran talento.

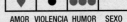
AMOR VIOLENCIA HUMOR SEXO

b Lee otra vez las opiniones de los jóvenes: ¿las expresiones <u>subrayadas</u> son positivas o negativas? Haz dos listas.

positivas	negativas
mucha acción	

7 A mi parecer

Escribe tu opinión de una película. Utiliza el cuadro de abajo para ayudarte.

Ejemplo

El fin de semana pasada fui con mi amiga Kate al cine en el centro de Stockport. Vi **Star Trek: primer contacto**. Es una película de ciencia-ficción que trata de la lucha entre el bien (el equipo de **Star Trek**) y el mal (el Borg). En mi opinión, era divertida y emocionante.

en mi opinión / personalmente / a mi modo de ver		
tenía había	poco, mucho, suficiente, demasiado	argumento, diálogo, humor, sexo
	poca, mucha, suficiente, demasiada	emoción, violencia, acción, música
	pocos, muchos, suficientes, demasiados	efectos especiales, personajes interesantes

OBJETIVO
¿Te gustó?

En el aeropuerto de Barcelona: Maite vuelve a México, y la familia Willoughby y Gary vuelven a Gran Bretaña.

¿Te gustó España, Maite?

Sí, mucho.

¿Qué te gustó?

Me gustó la gente ...

... la música, y la visita a la costa.

¿Y a ti, Gary?

Me gustó mucho el paisaje ...

.... el ritmo de vida,

... y el tiempo.

¡Y me gustó mucho la comida!

¿La comida? ¡Al principio, no te gustó nada!

¿Qué no te gustó?

La basura ...

... y el humo.

¿Y a ti, Maite?

¡Me gustó todo!

Buen viaje, Maite.

Adiós, Tomás. Escríbeme pronto.

Claro. ¡Todos los días!

Bueno, ¡a Gran Bretaña todos!

Y a una nueva vida juntos...

1 Me gustó ...

a Escucha y lee la escena en el aeropuerto.

◆ **b** ¿Qué opinan Gary y Maite? Completa las frases **1–9** con *Me gustó* o *No me gustó* y escribe quien la dice.

Ejemplo **1** *Me gustó* el tiempo (Gary).

1 ... el tiempo.
2 ... la música.
3 ... el ritmo de vida.

4 ... el humo.
5 ... la comida.
6 ... la gente.

7 ... el paisaje.
8 ... la basura.
9 ... la visita a la costa.

♣ Lee las frases **1–6**: son *verdad* o *mentira*?

1 Maite vuelve a México en avión.
2 A Gary, no le gustó España.
3 La familia Willoughby vuelve a Gran Bretaña.

4 A Maite, le gustó mucho España.
5 Maite está contenta.
6 Tomás está triste.

2 ¿Qué te gustó?

a Lee las expresiones **1–8**. Decide si son positivas ✔ o negativas ✗.

Ejemplo **1** – ✔

1 Me gustó ...
2 Lo peor era ...
3 Lo bueno era ...
4 No me gustó mucho ...

5 Lo malo era ...
6 No me gustó ...
7 Me gustó mucho ...
8 Lo mejor era ...

b Escucha a estos cuatro jóvenes españoles. Hablan de su visita a Gran Bretaña e Irlanda.

◆ Completa cada frase **1–8** con una de las expresiones **1–9** (actividad 1).

Ejemplo **1** Me gustó ... la comida.

♣ Haz ◆ y añade un detalle para cada persona.

Ejemplo **1** Me gustó la comida. Comí platos típicos.

3 REPASO

a Lee las preguntas **1–6**, y prepara tus respuestas. Para ayudarte, ver páginas 108, 116.

b Trabaja con tu pareja: haz las preguntas **1–6** y contesta.

1 ¿Adónde fuiste de vacaciones?
2 ¿Con quién fuiste?
3 ¿Cuánto tiempo fuiste?
4 ¿Qué tal lo pasaste?
5 ¿Qué te gustó?
6 ¿Qué no te gustó?

¿Adónde fuiste de vacaciones?

Fui a Mallorca.

4 Los jóvenes españoles

◆ **a** Lee el artículo. Utiliza la sección de vocabulario, si es necesario.

Ir al extranjero – ¿qué opináis vosotros, los jóvenes?

Lo peor de mi intercambio en Gran Bretaña era el ritmo de vida. Me quedé en un pueblo en el campo: por la tarde, nada más que ver la tele con la familia y acostarse a las diez de la noche – ¡qué aburrido! En Granada, donde vivo yo, ¡salgo a las diez de la noche!
Belén

Fui a Escocia hace dos años con una amiga, y en general me gustó. La comida era malísima, pero lo bueno era una visita a la costa oeste, y a la isla de Skye. La gente era muy simpática.
Amalia

El año pasado, fui de vacaciones a Londres. La arquitectura era muy bonita y antiquísima, pero no me gustó el humo y la basura en las calles.
Santiago

El verano pasado, visité el País de Gales con mi familia. Fuimos a un Eisteddfod – un tipo de fiesta. El paisaje era maravilloso, pero lo mejor para mí era la música galesa. Lo pasé muy bien.
Gerardo

Fui de intercambio a Irlanda del Sur. Me gustó muchísimo: la gente era muy simpática, el paisaje era muy bonito, y la comida muy buena. Pero no me gustó el tiempo: ¡llovió todos los días!
Quino

◆ **b** ¿Qué opinan los jóvenes de Gran Bretaña e Irlanda? Copia y completa la lista de sus comentarios.

Les gustó ...
La gente de Irlanda

No les gustó ...

Táctica

-ísimo / -ísima	= *muy*
aburrid**ísimo**	= *muy* aburrido
mal**ísima**	= *muy* mala
buen_?_	= *muy* bueno
modern_?_	= *muy* moderna

 Gramática 37.

5 Te toca a ti

◆ Escribe lo que opinas de una visita a otra ciudad, región, u otro país. Utiliza los ejemplos de la actividad 4.

¿Te gustó (España)?	¿Qué te gustó?	¿Qué no te gustó?
sí, mucho	me gustó ...	no me gustó ...
en general, sí	lo bueno era ...	lo malo era ...
no, no mucho	lo mejor era ...	lo peor era ...
me gustó todo		
no me gustó nada	el tiempo, el paisaje, el humo, la basura, la visita a ...	el ritmo de vida, la gente, la música, la comida

¡Me gustó el ritmo de vida!

6 La carta de Tomás

♣ Lee la carta de Tomás a Maite. Haz las actividades **a** y **b**.

> Hola, Maite - ¿qué tal? Aquí bien. Estoy otra vez en casa en Southport. ¡Qué raro es, después de dos años en España! Al principio, cuando fui a Sevilla, no me gustó nada *vivir en el extranjero*. No me gustó la ciudad grande, ni la comida española, ni la música española ... Pero poco a poco, me acostumbré. *Vivir como un nativo* fue muy interesante. Si vas de vacaciones para dos semanas, *en plan turístico*, es divertido - pero hay que pasar más tiempo en un país para *conocer otra cultura*. El paisaje del sur de España también me gustó, y el tiempo era mejor que en Gran Bretaña. El ritmo de vida es más relajado: es *otra manera de vivir*.
> Pero lo mejor para mí fue mi visita a México y tu visita a España: fue muy bonito conocer a otra gente y *hacer amigos nuevos*. Y tengo muy buenos recuerdos de las semanas en Barcelona y Tarragona contigo, Maite... Te mando una foto que saqué en el patio de mi casa - ¿te gusta? ¡Escríbeme pronto y mándame una foto tuya!
> Un abrazo muy fuerte, y muchos besos,
> Tomás.

Táctica

era *was (and still is)*

fue *was (over and done with, no longer is)*

a Empareja correctamente las dos partes de las frases. *Ejemplo* **1e.**

1 Tomás pasó ...	**a** es mejor que en Gran Bretaña.
2 Al principio, no le gustó ...	**b** de sus vacaciones con Maite.
3 Le gustó mucho ...	**c** la ciudad de Sevilla.
4 El tiempo en España, según Tomás ...	**d** el paisaje del sur y el buen tiempo.
5 Lo mejor para Tomás fue ...	**e** dos años viviendo en Sevilla.
6 Tomás tiene buenos recuerdos ...	**f** conocer a Maite.

b Busca el equivalente *en cursiva* en la carta de Tomás de las expresiones **1–6**.
Ejemplo **1** el ritmo de vida = *la manera de vivir*.

1 el ritmo de vida	**4** vivir como un habitante
2 vivir en otro país	**5** conocer a otros jóvenes
3 como un/a turista	**6** aprender algo sobre los costumbres, el arte, la música

7 ¿Qué opinas tú?

Diseña un póster para jóvenes: explica por qué es una buena idea visitar España o América Latina en un intercambio.

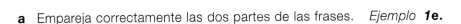

Lo bueno de un intercambio
– hacer nuevos amigos en el extranjero ...

es	bonito	conocer	otro país, otra cultura, otra manera de vivir, a otra gente
era	interesante	vivir	en el extranjero, como un/a nativo/a, en plan turístico
fue	emocionante	hacer	nuevos amigos

10 Acción: lengua

How to ... • say very, extremely, a lot, very much indeed

● *¿Preparados?*

¿Cuánto les gustó el intercambio? Para cada frase, dibuja ♥ o ♥ ♥ (ver la página 137).

Ejemplo **1** ♥ ♥.

1 Me gustó muchísimo mi visita a Edimburgo: era una ciudad muy bonita.
2 La visita al castillo fue interesante, con vistas de las calles centrales.
3 Me gustó el paisaje cerca de Edimburgo. La capital no está lejos del mar.
4 El plato de 'haggis' fue buenísimo: lo comí en la casa de los abuelos.
5 También me gustó mi familia escocesa: era una familia con seis niños.
6 ¡La noche en la discoteca fue divertidísima! Bailé hasta las dos de la madrugada.

● *¿Listos?*

inglés	*español*	
very	muy	la película era **muy** aburrida – *the film was* **very** *boring*
extremely	-ísimo (m)*	el viaje era aburrid**ísimo** – *the journey was* **extremely** *boring*
extremely	-ísima (f)*	la película era aburrid**ísima** – *the film was* **extremely** *boring*
a lot	mucho	me gustó **mucho** la película – *I liked the film* **a lot**
very much indeed	muchísimo	me gustó **muchísimo** la película – *I liked the film* **very much indeed**

* Adjetivos que terminan en -**ic**o > i**quí**simo/a.   *Ejemplo* un plato r**ic**o > un plato ri**quí**simo.

 Gramática 37.

● *¡Ya!*

 ¿Mucho o muy? Rellena los huecos con la palabra correcta.

Ejemplo **1 mucho**

Me gustó ...(**1**)...España.
El paisaje era ...(**2**)... bonito.
Pero la visita al cine fue ...(**3**)... aburrida.
Y no me gustó ...(**4**)... la comida.
La música pop me gustó ...(**5**)... .
La experiencia fue ...(**6**)... interesante.

♣ Escribe las frases de otra manera: utiliza -**ísimo**, -**ísima**.

Ejemplo **1** ... la comida me pareció mal**ísima**.

1 Al principio, la comida me pareció <u>mala</u>.
2 Hacer nuevos amigos fue <u>difícil</u>.
3 Pero el ritmo de vida es <u>relajado</u>.
4 Y la gente es <u>simpática</u>.
5 El paisaje del sur es <u>precioso</u>.
6 Conocer otra manera de vivir es <u>importante</u>.

Acertijos sencillos

¿Qué tipo de película te gusta más?
¿Qué tipo de persona eres?

★★★ ¡Haz nuestro quiz! ★★★

1 Los dibujos animados ...
 a te parecen estúpidos
 b te chiflan

2 Las películas románticas ...
 a te interesan
 b no te gustan

3 Para ti, las películas de guerra ...
 a son tristes
 b son divertidas

4 No te gustan las películas que tratan ...
 a de vampiros o fantasmas
 b de amistades, o historias de amor

5 La publicidad para una película dice que se trata de la lucha entre el bien y el mal ...
 a quieres verla
 b no te interesa mucho verla

6 ¿Cómo te gusta pasar la tarde? Prefieres ...
 a alquilar un vídeo y verlo en casa con un/a amigo/a
 b salir al cine con la pandilla y pasarlo bien

Mayoría de a — eres una persona sensible, compasiva y pensativa. Te interesan los pensamientos y sentimientos de los demás.

Mayoría de b — eres una persona extrovertida, a quien le gusta la acción, la movida y la diversión. No te interesa mucho el mundo interior de la psicología.

1 Prepara otros acertijos

2 Haz un cartel

1 _____ MEJOR PROHIBIR LA CAZA.

2 NO _____ COMER CARNE.

3 _____ COMPRAR HUEVOS DE CASA.

4 _____ MEJOR BOICOTEAR LOS CIRCOS.

5 _____ MEJOR NO LLEVAR PIELES.

6 NO _____ COMPRAR PRODUCTOS QUE HAN SIDO PROBADOS EN ANIMALES.

3 Manifiesto personal

Si fueras Ministro o Ministra para la Defensa de los Animales, ¿qué harías? Prepara tu manifiesto personal.

Ejemplo Si fuera Ministra para la defensa de los animales... lucharía contra el abandono de perros y gatos y prohibiría la producción de huevos de granja.

4 ¿Qué películas o vídeos son populares este mes?

Mira en el periódico, o pregunta a los compañeros de clase:

> ¿Fuiste al cine o alquilaste un vídeo en los últimos quince días?

> ¿Qué película viste?

- Diseña una lista de las películas o vídeos: utiliza el ejemplo para ayudarte.
- Apunta el tipo de película: aventuras, dramática …
- Da algún idea del contenido: amor, violencia …
- Pide ayuda a tu profe para poner los títulos en español.

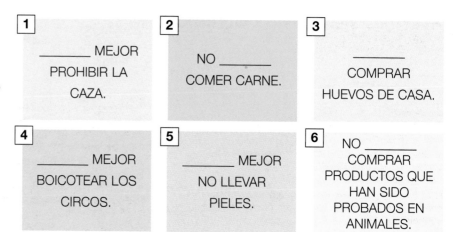

TÍTULOS	semana en cartel	semana anterior	semana actual
Space Jam. Comedia animada.	3	1	1
Michael Collins. Drama.	1	-	2
Los demonios de la noche. Aventuras.	2	2	3
El club de las primeras... Comedia.	4	4	4
Star Trek: primer contacto. C. ficción.	1	-	5
Un día inolvidable. Comedia.	3	3	6
El crisol. Drama.	1	-	7
Muerte en Granada. Thriller.	1	-	8
Shine. Biográfica.	4	9	9
El amor tiene dos caras. Comedia.	6	8	10

Las 10 películas más taquilleras

Vídeo — Últimas novedades en alquiler

Twister	Catastrófica ★★★	AMOR VIOLENCIA HUMOR SEXO
Aquí llega Condemor	Comedia ★	AMOR VIOLENCIA HUMOR SEXO
Los porretas	Comedia ★★	AMOR VIOLENCIA HUMOR SEXO
Busca y destruye	Thriller ★★	AMOR VIOLENCIA HUMOR SEXO
Trainspotting	Drama ★★★★	AMOR VIOLENCIA HUMOR SEXO
Mulholland Falls	Thriller ★★★	AMOR VIOLENCIA HUMOR SEXO

PELÍCULA:
★★★★★ OBRA MAESTRA
★★★★ MUY BUENA
★★★ BUENA
★★ REGULAR
★ MALA
SC-SIN CLASIFICAR

ADULTOS   MAYORES DE 12 AÑOS   MAYORES DE 7 AÑOS   INFANTIL

AMOR: ♥♥♥ MUCHO ♥♥ BASTANTE ♥ POCO
VIOLENCIA: ●●● MUCHA ●● BASTANTE ● POCA
HUMOR: ●●● MUCHO ●● BASTANTE ● POCO
SEXO: ◆◆◆ MUCHO ◆◆ BASTANTE ◆ POCO

Gramática

1 Nouns

A noun is a thing, person, or place. A *jumper*, a *shop-assistant*, and a *shop* are nouns.

In Spanish all nouns, whether things, people or places, are either masculine *(m)* or feminine *(f)*. This is called their 'gender'.

Nouns can be singular (one) or plural (more than one). A *shop* is singular. *Shops* are plural. This is known as their 'number'.

2 How to say 'a' and 'some'

There are two words for *a* in the singular:

(m)	**un**	jersey	*a jumper*
(f)	**una**	camisa	*a shirt*

In the plural, they often mean *some*:

(m)	**unos**	vaqueros	*some jeans*
(f)	**unas**	medias	*some tights*

3 How to say 'the'

There are two words for *the* in the singular:

(m)	**el**	jersey	*the jumper*
(f)	**la**	camisa	*the shirt*

There are two words for *the* in the plural:

(m)	**los**	jerseys	*the jumpers*
(f)	**las**	camisas	*the shirts*

4 Making nouns plural

In English we add *-s (pens)* or *-es (boxes)*. The same happens in Spanish.

Words ending in a vowel (a,e,i,o,u): add **-s**:

un museo	dos museo**s**
la plaza	las plaza**s**

Words ending in a consonant: add **-es**:

un bar	dos bar**es**
el hotel	los hotel**es**

Words borrowed from English may end in **-es**, but more usually end in **-s**:

un club	dos club**es**
el pub	los pub**s**

An accent before a final consonant disappears:

un jard**í**n	unos jard**ines**

5 How to say 'of' and 'from'

Of, from is **de**. If followed by **el**, it becomes **del**:

¿Está en **el** centro?	*Is it in **the** centre?*
Lejos **del** centro	*Far away **from the** centre*

6 How to say 'to'

To is **a**. If followed by **el**, it becomes **al**:

¿**El** cine?	***The** cinema?*
Sí, voy **al** cine	*Yes, I'm going **to the** cinema*

7 Regular adjectives

An adjective describes a noun: *blue*, *big* and *tight* are all adjectives. Dictionaries usually list adjectives in their masculine singular form.

The ending on an adjective agrees with the noun it describes, both in gender *(m, f)* and number *(s, pl)*. If the noun is masculine, the adjective must be masculine. If the noun is feminine, the adjective must be feminine.

Adjectives ending in **-o** in the dictionary:

	(s)	*(pl)*
(m)	**- o**	**- os**
(f)	**- a**	**- as**

un jersey pequeñ**o**	zapatos pequeñ**os**
una camisa pequeñ**a**	medias pequeñ**as**

Adjectives ending in **-e** in the dictionary:

	(s)	*(pl)*
(m)	**- e**	**- es**
(f)	**- e**	**- es**

un pantalón grand**e**	vaqueros grand**es**
una camiseta grand**e**	zapatillas grand**es**

Adjectives ending in **-a** in the dictionary:

	(s)	*(pl)*
(m)	**- a**	**- a**
(f)	**- a**	**- a**

un sombrero lil**a**	vaqueros lil**a**
una corbata lil**a**	medias lil**a**

Adjectives ending in a consonant (e.g. **n**, **l**) in the dictionary:

	(s)	*(pl)*
(m)	*no change*	*add* - **es**
(f)	*no change*	*add* - **es**

un pantalón azul	vaqueros azul**es**
una camisa azul	zapatillas azul**es**

8 Adjectives: points to note

When a colour adjective is followed by **oscuro** *(dark)*, **marino** *(navy)*, **claro** *(light)*, **vivo** *(bright)*, it doesn't change:

(m)(s)	un jersey **verde claro**
(f)(s)	una falda **rojo vivo**
(m)(pl)	vaqueros **azul marino**
(f)(pl)	zapatillas **marrón oscuro**

Adjectives which have an accent on the final vowel in the singular, lose it in the plural:

(s)	un zapato marr**ó**n
(pl)	zapatos marr**ones**

9 My, your, his, her

Mi *(my)* and **tu** *(your)* are the same for masculine and feminine:

(m)	**mi** hermano *my* brother	**tu** padre *your* father
(f)	**mi** hermana *my* sister	**tu** madre *your* mother

Su can mean either *his* or *her*:

su tío *his / her* uncle	**su** tía *his / her* aunt

Su also means *your*, when talking to someone using the formal **usted** form:

¿Usted está bien? ¿Y **su** marido? *Are you well? And* ***your*** *husband?*

10 Position of adjectives

Adjectives usually come after the noun:

una ciudad **moderna**	*a **modern** town*
un pueblo **antiguo**	*an **old** village*

11 Verbs: infinitives

A verb conveys an action: *to open, to have, to go out* are all verbs in their *infinitive* form. This is the form you will find in the dictionary.

Spanish has three *infinitive* forms:

habl**ar**	*to speak*
aprend**er**	*to learn*
escrib**ir**	*to write*

12 Verbs: saying who

English adds *I, you, we* to show *who*. *I learn a lot;* ***you*** *learn fast!;* ***we*** *learn French.*

Note that Spanish has different words for *you*:

tú	a person you know well, a familiar relationship	*(fam.)*
usted	a person you don't know, a formal relationship	*(form.)*
vosotros	people you know well, familiar relationships	*(fam.pl.)*
ustedes	people you don't know, formal relationships	*(fam.pl.)*

The complete list is:

yo	*I*		**nosotros**	*we*
tú	*you (fam.)*		**vosotros**	*you (fam. pl.)*
él	*he*		**ellos**	*they (male)*
ella	*she*		**ellas**	*they (female)*
usted	*you (form.)*		**ustedes**	*you (form. pl.)*

Usted is often abbreviated to **Ud.** or **Vd.**; and **ustedes** to **Uds.** or **Vds.** It comes from the old Spanish **V**uestra Merce**d**, a polite greeting meaning 'Your grace' or 'Your mercy'.

13 Present tense: regular verbs

The endings on English verbs change:
– *I eat a packed lunch.*
– *he eat**s** school dinners.*
– *the class end**s** at three.*

The endings on Spanish verbs also change. Remove the **-ar, -er, -ir** to get to the stem, then add the following endings:

- ar	habl**ar**	com**er**	viv**ir**
(yo)	habl**o**	com**o**	viv**o**
(tú)	habl**as**	com**es**	viv**es**
(él)	habl**a**	com**e**	viv**e**
(ella)	habl**a**	com**e**	viv**e**
(usted)	habl**a**	com**e**	viv**e**
(nosotros)	habl**amos**	com**emos**	viv**imos**
(vosotros)	habl**áis**	com**éis**	viv**ís**
(ellos)	habl**an**	com**en**	viv**en**
(ellas)	habl**an**	com**en**	viv**en**
(ustedes)	habl**an**	com**en**	viv**en**

Examples:

Hablo español	*I **speak** Spanish.*
¡Comes chicle!	*You're **eating** gum!*
Viven lejos.	*They **live** far away.*

English uses *it* to talk about objects or things. Since in Spanish objects or things are *masculine* or *feminine* (section 1 above), use the *he/she* (**él/ella**) form:

¿Cuándo termina la clase? Termin**a** a las dos. *When does the class end? It (she) ends at two.*

With plural objects or things, use the *they* (**ellos/ellas**) form:

¿Las clases de francés? Termin**an** a las dos.
*French classes? **They** finish at two.*

Yo, tú etc. are usually left out:

Hablo inglés.	**¿Hablas** español?
*I **speak** English.*	***Do you speak** Spanish?*

But add **yo, tú** etc. for emphasis:

¿Vives en York? Pues, **yo** vivo en Hull. *Do you live in York? Well, **I** live in Hull.*

And add **yo, tú** etc. to make the meaning clear:

¿Los gemelos? **Ella** no trabaja - pero **él**, sí. *The twins? **She** doesn't work, but **he** does.*

14 Present tense: irregular verbs

These do not follow the normal pattern for **yo**:

to do, make	hacer	ha**go**	*I do, make*
to put, set	poner	pon**go**	*I put, set, lay*
to go out	salir	sal**go**	*I go out*
to bring	traer	trai**go**	*I bring*
to see	ver	v**eo**	*I see*

15 Tener

The verb **tener** *(to have)* is irregular:

(yo)	**tengo**	*I have*
(tú)	**tienes**	*you have (fam.)*
(él)	**tiene**	*he has*
(ella)	**tiene**	*she has*
(usted)	**tiene**	*you have (form.)*
(nosotros)	**tenemos**	*we have*
(vosotros)	**tenéis**	*you have (fam. pl.)*
(ellos)	**tienen**	*they have*
(ellas)	**tienen**	*they have*
(ustedes)	**tienen**	*you have (form. pl.)*

With **que** after it, it means *to have to*:

Tengo que recoger.	*I have to tidy up.*

Venir *(to come)* follows a similar pattern to **tener**:

¿Cuándo **vienes**?	*When are you **coming**?*
Vengo a las dos.	*I'm coming at two.*

Verbs of the same family as **tener** (e.g. **contener** *to contain, have*) follow the same pattern:

Contiene mucho sal.	*It contains a lot of salt.*

16 Ir

Ir *(to go)* is also irregular, and is as follows:

(yo)	**voy**	*go*
(tú)	**vas**	*you go (fam.)*
(él)	**va**	*he goes*
(ella)	**va**	*she goes*
(usted)	**va**	*you go (form.)*
(nosotros)	**vamos**	*we go*
(vosotros)	**vais**	*you go (fam. pl.)*
(ellos)	**van**	*they go*
(ellas)	**van**	*they go*
(ustedes)	**van**	*you go (form. pl.)*

17 Ser / estar

There are two verbs *to be* – **ser** and **estar**:

(yo)	**soy**	**estoy**	*I am*
(tú)	**eres**	**estás**	*you are (fam.)*
(él)	**es**	**está**	*he is*
(ella)	**es**	**está**	*she is*
(usted)	**es**	**está**	*you are (form.)*
(nosotros)	**somos**	**estamos**	*we are*
(vosotros)	**sois**	**estáis**	*you are (fam. pl.)*
(ellos)	**son**	**están**	*they are*
(ellas)	**son**	**están**	*they are*
(ustedes)	**son**	**están**	*you are (form. pl.)*

Use **ser** *(to be)* for relationships and character:

Concha **es** mi hermana.	*Concha is my sister.*
Soy trabajadora.	*I'm hard-working.*

Use **estar** *(to be)* for feelings and saying where:

¿Dónde **está** María?	*Where is María?*
Estoy preocupado.	*I'm worried.*

18 The present participle

The present participle is the part of the verb which ends in **-ing**: e.g. *I spend two hours a night **studying***.

To form it, take the infinitive form of the verb and then:

Remove	-ar	Add	-ando
	-er		-iendo
	-ir		-iendo

Use with the verb **pasar** *(to spend)* to show how much time you spend doing something:

¿Cuánto tiempo **pasas estudiando**?
*How long **do you spend studying**?*
Paso dos horas **viendo** la tele.
*I spend two hours **watching** TV.*

19 Stem-changing verbs

Some verbs not only change their ending, but also have a change in their stem:

	e > ie qu**e**rer	-o/-u > ue j**u**gar	e > i rep**e**tir
(yo)	quiero	juego	repito
(tú)	quieres	juegas	repites
(él)	quiere	juega	repite
(ella)	quiere	juega	repite
(usted)	quiere	juega	repite
(nosotros)	queremos	jugamos	repetimos
(vosotros)	queréis	jugáis	repetís
(ellos)	quieren	juegan	repiten
(ellas)	quieren	juegan	repiten
(ustedes)	quieren	juegan	repiten

Other verbs which also follow these patterns are:

-e> ie	empezar	*to begin*
	encender	*to switch on*
	nevar	*to snow*
	preferir	*to prefer*
-o/-u > ue	doler	*to hurt*
	dormir	*to sleep*
	llover	*to rain*
	poder	*to be able*
	volver	*to return*
-e > i	decir*	*to say, tell*
	elegir	*to choose*
	pedir	*to ask for*

*decir is also irregular in the yo form: digo

¿Qué pref**ie**res?	*What do you prefer?*
¡Enc**ie**nde la luz!	*Switch the light on!*
No d**ue**rmo mucho.	*I don't sleep much.*
V**ue**lvo a casa tarde.	*I return home late.*
¡Yo **digo** que no!	*I say no!*
El**i**ge un número.	*Choose a number.*

20 Impersonal 'se'

To convey the idea of *'one'* or *'we/they'*, use **se** with the *él/ella/usted* part of the verb:

En España, **se** come mucho ajo.
*In Spain, **they** eat a lot of garlic.*
En Gran Bretaña, **se** bebe más té que café.
*In Great Britain, **we** drink more tea than coffee.*

21 Reflexive verbs

Reflexive verbs, in their infinitive form, end in **-se** and indicate an action done to oneself:

lavar**se**	*to wash (**oneself**)*
poner**se**	*to put on (**oneself**)*
aburrir**se**	*to be bored (to bore **oneself**)*

In the present tense, the **-se** moves from the end to the beginning, and changes as follows:

	lavar**se**		*to wash (oneself)*
(yo)	**me**	lavo	I wash
(tú)	**te**	lavas	you wash
(él)	**se**	lava	he washes
(ella)	**se**	lava	she washes
(usted)	**se**	lava	you *(form.)* wash
(nosotros)	**nos**	lavamos	we wash
(vosotros)	**os**	laváis	you *(pl.)* wash
(ellos)	**se**	lavan	they *(m)* wash
(ellas)	**se**	lavan	they *(f)* wash
(ustedes)	**se**	lavan	you *(form. pl.)* wash

Me lavo rápidamente.	*I get washed quickly.*
¡Mis niños no **se** lavan!	*My children don't wash!*

Other common verbs of this type:

levantar**se**	*to get up*
duchar**se**	*to have a shower*
bañar**se**	*to have a bath*
arreglar**se**	*to smarten up*
relajar**se**	*to relax*

¿Cuándo **te** levantas?	*When do you get up?*
Mi madre **se** ducha.	*My mother has a shower.*

Some reflexive verbs (see section 19 above) are also stem-changing verbs:

desp**e**rtarse (**ie**)	*to wake up*
div**e**rtirse (**ie**)	*to enjoy oneself*
ac**o**starse (**ue**)	*to go to bed*
v**e**stirse (**i**)	*to get dressed*

¿**Te** desp**ie**rtas tarde?	*Do you wake up late?*
M**e** ac**ue**sto tarde.	*I go to bed late.*

22 Saying what you're going to do

Use the correct part of the verb **ir** + **a** + *infinitive*:

¿Qué **vas a hacer**?	*What **are you going to do**?*
Voy a salir.	***I'm going to go out**.*

23 Gustar

Gustar is used to mean *like*, but really means to *be pleasing to*:

Me **gusta** ir al cine.
I like going to the cinema.
(It is pleasing to me to go to the cinema)
¿Te **gusta** la Coca-Cola?
Do you like Coca-Cola?
(Is Coca-Cola pleasing to you?)

With an infinitive, it means *like to do something*:

Me gusta **leer**.	***I like** reading / to read.*

With singular nouns, use **gusta**; with plurals, **gustan**:

singular	me **gusta el** chocolate
	me **gusta la** tortilla
plural	me **gustan los** churros
	me **gustan las** patatas fritas

Other verbs which behave in the same way are **encantar** and **chiflar**:

Me **encanta** el fútbol.	*I **love** football.*
Me **chifla** la natación.	*I **adore** swimming.*

24 Me, te, le

These usually mean *to me* (**me**); *to you* (**te**); *to him, to her* (**le**). They are also used with **gustar**, **doler**.

Use them to show who likes something:

Me gusta	***I** like (it is pleasing **to me**)*
Te gusta	***You** like (it is pleasing **to you**)*
Le gusta	***He** likes (it is pleasing **to him**)*
	***She** likes (it is pleasing **to her**)*

Use them to show who is in pain:

Me duele la pierna	***My** leg hurts (**to me**)*
¿**Te** duelen los ojos?	*Do **your** eyes hurt? (**to you**)*
Le duele el pie	***His** foot hurts (**to him**)*
	***Her** foot hurts (**to her**)*

You can add **a** + **name** to *le* to make it clearer:

A Juan le gusta el café.	***Juan** likes coffee.*
A Ana le duelen las manos.	***Ana's** hands hurt.*

25 Lo, la, los, las

There are two words in Spanish for *it*: **lo** for masculine things, and **la** for feminine things:

(m)	**lo**	El jersey - me **lo** puedo cambiar?
		*The jumper - can I change **it**?*
(f)	**la**	¿La falda? Sí, me **la** puedo probar?
		*The skirt? Yes, can I try **it** on?*

Similarly, there are two words in Spanish for *them*: **los** for masculine things, and **las** for feminine things:

(m)	**los**	Los zapatos – ¿me **los** puedo probar?
		*The shoes – can I try **them** on?*
(f)	**las**	Las botas – me **las** puedo cambiar?
		*The boots – can I change **them**?*

26 Negatives

Use **no** where English uses *not / don't*:

No tengo tiempo.	*I **don't** have time.*
No voy al bar.	*I'm **not** going to the bar.*

Never is expressed with **no ... nunca**:

No juego **nunca**.	*I **never** play.*

If you put **nunca** in front, you don't need the **no**:

Nunca juego.	*I **never** play.*

27 Perfect tense: regular verbs

Use the perfect tense to say what you have done:
I have spoken a lot in Spanish.
Have you eaten 'churros' before?

You need: part of **haber** and the *past participle*.
The *past participle* is formed like this:

(to speak)	habl**ar**	>	habl**ado**	*(spoken)*
(to eat)	com**er**	>	com**ido**	*(eaten)*
(to live)	viv**ir**	>	viv**ido**	*(lived)*

The parts of **haber** are as follows:

(yo)	**he**	
(tú)	**has**	habl**ado**
(él)	**ha**	
(ella)	**ha**	
(usted)	**ha**	com**ido**
(nosotros)	**hemos**	
(vosotros)	**habéis**	
(ellos)	**han**	viv**ido**
(ellas)	**han**	
(ustedes)	**han**	

He trabajado mucho este año.
***I've worked** hard this year.*
¿**Has aprendido** tu vocabulario?
***Have you learnt** your vocabulary?*
Merche **ha vivido** en Inglaterra.
*Merche **has lived** in England.*

28 Perfect tense: irregular verbs

Some verbs have irregular past participles:

decir	**dicho**	*said / told*
escribir	**escrito**	*written*
hacer	**hecho**	*done /made*
poner	**puesto**	*put / set*
ver	**visto**	*seen*

¡No **has escrito** nada!	***You've written** nothing!*

29 Preterite tense: regular verbs

Use the preterite tense to say what you did:

I went to Spain on holiday.
I sunbathed on the beach.
I swam in the sea.

To form the preterite tense, remove the **-ar**, **-er**, **-ir** to get to the stem, then add the following endings:

- ar	hablar	comer	vivir
(yo)	habl**é**	com**í**	viv**í**
(tú)	habl**aste**	com**iste**	viv**iste**
(él)	habl**ó**	com**ió**	viv**ío**
(ella)	habl**ó**	com**ió**	viv**ío**
(usted)	habl**ó**	com**ió**	viv**ío**
(nosotros)	habl**amos**	com**imos**	viv**imos**
(vosotros)	habl**asteis**	com**isteis**	viv**isteis**
(ellos)	habl**aron**	com**ieron**	viv**ieron**
(ellas)	habl**aron**	com**ieron**	viv**ieron**
(ustedes)	habl**aron**	com**ieron**	viv**ieron**

¡**Hablé** español!	***I spoke** Spanish!*
Comimos mucho.	***We ate** loads.*

30 Preterite tense: irregular verbs

Ir *(to go)* and **ser** *(to be)* have the same form:

	ir	ser
yo	**fui**	**fui**
tú	**fuiste**	**fuiste**
él	**fue**	**fue**
ella	**fue**	**fue**
usted	**fue**	**fue**
nosotros	**fuimos**	**fuimos**
vosotros	**fuisteis**	**fuisteis**
ellos	**fueron**	**fueron**
ellas	**fueron**	**fueron**
ustedes	**fueron**	**fueron**

¿Adónde **fuiste**?	*Where **did you go**?*
Fui a Marbella.	***I went** to Marbella.*
¡**Fue** estupendo!	***It was** great!*

The verbs **dar** *(to give)*, **ver** *(to see, watch)* and **hacer** *(to do, make)* have irregular preterite forms:

	dar	ver	hacer
yo	**di**	**vi**	**hice**
tú	**diste**	**viste**	**hiciste**
él	**dio**	**vio**	**hizo**
ella	**dio**	**vio**	**hizo**
usted	**dio**	**vio**	**hizo**
nosotros	**dimos**	**vimos**	**hicimos**
vosotros	**disteis**	**visteis**	**hicisteis**
ellos	**dieron**	**vieron**	**hicieron**
ellas	**dieron**	**vieron**	**hicieron**
ustedes	**dieron**	**dieron**	**hicieron**

Di una vuelta.	***I went** for a walk.*
¿Qué **viste**?	*What **did you see**?*
Mi padre **hizo** windsurf.	*My father **windsurfed**.*

The verb **leer** *(to read)* has a spelling change in the *él/ella/usted* form to **leyó** and in the *ellos/ellas/ustedes* form to **leyeron**. Other parts of the verb are regular.

Juan **leyó** una revista.
Sus padres **leyeron** el periódico.
Yo leí un tebeo: y tú, ¿qué **leíste**?

There are spelling changes in the *yo* form in verbs with a '**g**' or '**c**' before the infinitive ending. The letter '**g**' becomes '**gu**'. The letter '**c**' becomes '**qu**':

¿Vas a llegar temprano? ¡Sí! Lle**gué** tarde ayer.
¿Quieres sacar fotos? No, sa**qué** fotos ayer.

31 Imperfect tense

When you want to *describe* what things *were like*, especially over a period of time, use the following:

era	***it was***
había	***there was, there were***
tenía	***it had***

Examples:

Era aburrido.	***It was** boring.*
Había mucho diálogo.	***There was** a lot of talking.*
Tenía mucho humor.	***It had** a lot of humour.*

Both *fue* and *era* mean '*it was*': Use **fue** when talking about something which is over, or no longer exists:

La experiencia **fue** interesante.
*The experience **was** very interesting.*

Use **era** when describing what something was like (and still is):

El paisaje **era** muy bonito.
*The countryside **was** very pretty.*

32 Conditional tense

The conditional conveys the sense of '*would*':

I would buy cruelty-free products.
I would boycott certain companies.

With regular verbs, add the following endings to the infinitive. They are the same for **-ar**, **-er**, **-ir** verbs:

	comprar	to buy
(yo)	comprar**ía**	*I would buy*
(tú)	comprar**ías**	*you would buy*
(él)	comprar**ía**	*he would buy*
(ella)	comprar**ía**	*she would buy*
(usted)	comprar**ía**	*you (form. sing,) would buy*
(nosotros)	comprar**íamos**	*we would buy*
(vosotros)	comprar**íais**	*you (pl.) would buy*
(ellos)	comprar**ían**	*they (m.) would buy*
(ellas)	comprar**ían**	*they (f.) would buy*
(ustedes)	comprar**ían**	*you (form. pl.) would buy*

No **compraría** productos de piel.
***I would** not **buy** leather products.*

No **usaríamos** productos animales.
***We would** not **use** animal products.*

The conditional of the verb **hacer** *(to do, make)* and **querer** *(to like)* are as follows:

	hacer	querer
(yo)	haría	querría
(tú)	harías	querrías
(él)	haría	querría
(ella)	haría	querría
(usted)	haría	querría
(nosotros)	haríamos	querríamos
(vosotros)	haríais	querríais
(ellos)	harían	querrían
(ellas)	harían	querrían
(ustedes)	harían	querrían

Y tú, ¿qué **harías**?
*What about you - what **would you do**?*

Yo **querría** tener una serpiente.
*I **would like** to have a snake.*

33 Questions

In English we often use the words **do**, **does** or **did** when asking questions:

Do you like playing football?
Does she play rugby?
Where did you go on holiday?

There is no equivalent in Spanish. Just use the correct part of the verb, with question marks:

¿**Juegas** al tenis? ¿Merche **juega** también?
***Do you play** tennis? **Does** Merche **play** too?*

¿**Fuiste** a Madrid?
***Did you go** to Madrid?*

The following are common question words:

¿adónde?	where ... to?
¿a qué hora?	at what time?
¿cómo?	how? what ... like?
¿cuándo?	when?
¿cuánto/a?	how much?
¿cuántos/as?	how many?
¿dónde?	where?
¿por qué?	why?
¿qué?	what?
¿quién?	who?

Examples:

¿**Cómo** es tu casa?
***What** is your house **like**?*

¿**Qué** deportes practicas?
***What** sports do you play?*

34 The personal 'a'

After an action done to a person, you need to put in the word '**a**'. There is no equivalent in English:

Conocí **a** un chico.	I got to know a boy.
Ví **a** mi mejor amiga.	I saw my best friend.

35 Y / o

When **y** *(and)* is followed by a word beginning with **i** or **hi** (but not **hie**), it changes to **e**:

Una ciudad nueva **e** interesante.
Un pueblo antiguo **e** histórico.

When **o** *(or)* is followed by a word beginning with **o** or **ho**, it changes to **u**:

Siete **u** ocho chicos perezosos.
¿Hay un hostal **u** hotel por aquí?

36 Pero / sino

The most usual word for *but* is **pero**:

Yo no sé, **pero** pregúntalo a Marta.
*I don't know, **but** ask Marta.*

Voy mañana, **pero** Ana va hoy.
*I'm going tomorrow, **but** Ana is going today.*

Use **sino** to mean *but* after a negative and when it suggests a contradiction:

No es antiguo **sino** nuevo.
*It's not old **but** new.*

No tiene uno, **sino** dos.
*He hasn't got one, **but** two.*

37 Very, a lot

The Spanish for *very* is **muy**. Put it before an adjective to make its meaning stronger:

Es aburrido.	It's boring.
Es **muy** aburrido.	It's **very** boring.

Use **mucho** to express *a lot*. It is often used with verbs of liking and disliking:

Me gusta **mucho** el cine.
*I like the cinema **a lot**.*

Muy cannot be used with **mucho**. Use **muchísimo** to express an even stronger feeling. In English, we might say *very much, a great deal, really*:

Me gusta **muchísmo** Miguel.
*I **really** like Miguel / I like Miguel **very much**.*

Mucho can also be used with a noun to mean *a lot of/lots of* and *much/many*. In this case, its ending may be -**o**, -**a**, -**os**, -**as** depending on the noun it describes (see section 7 above):

mucho ruido, **muchos** coches, **mucha** gente
***a lot of** noise, **lots** of cars, **many** people*

Add -**ísimo** to an adjective to intensify its meaning. In English, we would say *very* or *extremely*:

¿El chico es **popular**? Es **popularísimo**.
*Is the boy **popular**? He's **very popular**!*

¿Es **difícil**? Es **dificilísimo**.
*Is it **difficult**? It's **extremely difficult**.*

Adjectives ending in a vowel lose it before -**ísimo**:

guapo > guap > guap**ísimo**

An adjective ending in -**ísimo** has four forms, depending on whether it is masculine *(m)*, feminine *(f)*, singular *(s)* or plural *(pl)*:

	(m)	(f)
(s)	-ísimo	-ísima
(pl)	-ísimos	-ísimas

The form of the adjective agrees with the gender *(m,f)* or the number *(s,pl)* of the noun:

(m)(s)	**un** piso pequeñ**ísimo**
(f)(s)	**una** película buen**ísima**
(m)(pl)	**unos** pisos pequeñ**ísimos**
(f)(pl)	**unas** películas buen**ísimas**

In adjectives which end in -**ico** (e.g. **rico**), the letter -**c** is replaced by -**qu**:

| rico | un hombre r**iquí**smo |
| simpático | una chica simpat**iquí**sima |

38 Numbers

1	uno	11	once
2	dos	12	doce
3	tres	13	trece
4	cuatro	14	catorce
5	cinco	15	quince
6	seis	16	dieciséis
7	siete	17	diecisiete
8	ocho	18	dieciocho
9	nueve	19	diecinueve
10	diez	20	veinte

21	veintiuno	26	veintiséis
22	veintidós	27	veintisiete
23	veintitrés	28	veintiocho
24	veinticuatro	29	veintinueve
25	veinticinco	30	treinta

31	treinta y uno	60	sesenta
32	treinta y dos	70	setenta
40	cuarenta	80	ochenta
50	cincuenta	90	noventa

100	cien	500	quinientos
101	ciento uno	600	seiscientos
200	doscientos	700	setecientos
300	trescientos	800	ochocientos
400	cuatrocientos	900	novecientos

1000	mil	1000000	un millón
2000	dos mil	2000000	dos millones

39 Days of the week

Spanish days of the week do not have a capital letter:

lunes	*Monday*
martes	*Tuesday*
miércoles	*Wednesday*
jueves	*Thursday*
viernes	*Friday*
sábado	*Saturday*
domingo	*Sunday*

40 Months of the year

Note that the months of the year in Spanish do not have a capital letter either:

enero	*January*
febrero	*February*
marzo	*March*
abril	*April*
mayo	*May*
junio	*June*
julio	*July*
agosto	*August*
septiembre	*September*
octubre	*October*
noviembre	*November*
diciembre	*December*

41 Countries

Alemania *(f)*	Germany
España *(f)*	Spain
Francia *(f)*	France
Gales *(f)*	Wales
Grecia *(f)*	Greece
Gran Bretaña *(f)*	Great Britain
Inglaterra *(f)*	England
Irlanda *(f)*	Ireland
las Islas Canarias *(f) (pl)*	the Canary Islands
los Estados Unidos *(m) (pl)*	the U.S.A.
Noruega *(f)*	Norway
Portugal *(m)*	Portugal
Suecia *(f)*	Sweden
Suiza *(f)*	Switzerland

Vocabulario español–inglés

Key to symbols: (*m*) masculine; (*f*) feminine; (*mpl*) masculine plural; (*fpl*) feminine plural; (*vb*) verb; (*adj*) adjective; (*fam*) familiar (*form*) formal; (*Gr*) see grammar section; ~ repeated word

A

a to
abajo below, down, downstairs
abierto (*adj*) open
abrazos (*mpl*) best wishes
abril (*m*) April
abuelo (*m*); abuela (*f*) grandfather; grandmother
aburrido (*adj*) boring
me aburrí (*vb*.: aburrirse) I got bored
me aburro (*vb*: aburrirse) I get bored
acampanado (*adj*) flared
accidente (*m*) accident
aceite (*m*) (olive) oil
aceituna (*f*) olive
acertijo (*m*) riddle
acordarse (*vb*) to remember (*Gr 19, 21*)
acostumbrarse (*vb*) to get used to (*Gr 21*)
actividad (*f*) activity
actor (*m*); actriz (*f*) actor; actress
acuarela (*f*) watercolour painting
de acuerdo agreed, OK
me acuesto (*vb*: acostarse) I go to bed (*Gr 19*)
adicto (*adj*) a addicted to
adolescente (*adj*) adolescent, teenage
¿adónde? where ...to?
adornar (*vb*) to decorate
por vía aérea (*adj*) by air
aerodeslizador (*m*) hovercraft
aeropuerto (*m*) airport
me afecta (*vb*: afectar) it affects me
afición (*f*) hobby, interest
afueras (*fpl*) suburbs
agricultura (*f*) farming
agua (*f*) water
no aguanto (*vb*: aguantar) I can't stand
ahora now
aire (*m*) acondicionado air conditioning
aislado (*adj*) alone, on one's own
ajedrez (*m*) chess
ajo (*m*) garlic
ajustado (*adj*) tight
al to the... (*Gr 6*)
alegrarse (*vb*) to be happy (*Gr 21*)
algo: ¿~ más? anything else?

alguien someone, somebody
algún, alguno (*adj*) some
alimento (*m*) food
aliño (*m*) dressing, garnish
allí (over) there
almacenes (*mpl*): grandes ~ department stores
almendra (*f*) almond
alpinismo (*m*) climbing
alquilé (*vb*: alquilar) I hired (*Gr 29*)
alto (*adj*) high
altura (*f*) height
alubia (*f*) bean
amable (*adj*) kind, friendly
amarillo (*adj*) yellow
ambicioso (*adj*) ambitious
ambiente (*m*) atmosphere
amenaza (*f*) threat
amigo (*m*); amiga (*f*) friend
amistad (*f*) friendship
amor (*m*) love
amoroso (*adj*) affectionate, loving
ancho (*adj*) wide, low (-heeled)
anciano (*m*); anciana (*f*) old man; old woman
animado (*adj*): dibujo ~ cartoon
antes (de) before
antiguo (*adj*) old, ancient
antiquísimo (*adj*) very old
anuncio (*m*) advert; announcement
añadir (*vb*) to add
aparcado (*adj*) parked
aparición (*f*) apparition
aprender (*vb*) to learn
aquí here
árbitro (*m*) referee
argumento (*m*) plot
me arreglo (*vb*: arreglarse) I tidy myself up (*Gr 21*)
arriba above, up, upstairs
arroz (*m*) rice
artesanía (*f*) craft work
artículo (*m*) article
asesinar (*vb*) to murder
asma (*f*) asthma
atacar (*vb*) a to attack
atentado (*m*) attack
atletismo (*m*) athletics
aumentar (*vb*) to increase
aunque although
autobús (*m*) bus
autocar (*m*) coach
automóvil (*m*) car
avenida (*f*) avenue
aventura (*f*) adventure

aventurero (*adj*) adventurous
avión (*m*) plane
ayudar (*vb*) to help
ayuntamiento (*m*) town hall
azafrán (*m*) saffron
azúcar (*m*) sugar
azul (*adj*) blue

B

bacalao (*m*) cod
bailar (*vb*) to dance
baile (*m*) dance
bailé (*vb*: bailar) I danced
¡baje! (*vb*: bajar) go down!; get off!, get out!
bajo below, under(neath)
balón (*m*) ball
baloncesto (*m*) basketball
bandera (*f*) flag
me baño (*vb*: bañarse) I have a bath, bathe (*Gr 21*)
baño (*m*) bath
barato (*adj*) cheap
¡qué barbaridad! (*f*) how awful!
barco (*m*) boat
barrio (*m*) district
bastante quite, rather a lot, enough
basura (*f*); comida ~ junk food
batería (*f*) drums
bebí (*vb*: beber) I drank
bebo (*vb*: beber) I drink
belén (*m*) crib
belleza (*f*) beauty
besos (*mpl*) love from
bici (*f*): ir de paseo en ~ to go for a bike ride
bicicleta (*f*) bicycle
bien well, fine, OK
billar (*m*) billiards
billete (*m*) ticket, bank note
biólogo (*m*) biologist
bistec (*m*) steak
bizcocho (*m*) biscuit
blanco (*adj*) white
blando (*adj*) soft, gentle
bocadillo (*m*) sandwich
boda (*f*) wedding
boicotear (*vb*) to boycott
bollo (*m*) bread roll
pasarlo bomba to have a great time
bombón (*m*) sweet
bonito (*adj*) pretty, nice
bosque (*m*) wood
bota (*f*) boot
bricolaje (*m*) DIY
británico (*adj*) British
bronquitis (*m*) bronchitis

bucear (vb) to dive
buceo (m) diving
bueno (adj) good
busco (vb: buscar) I'm
    looking for

C

caballo (m) horse
cachorro (m) puppy
cada each, every
cadena (f) chain
café (m) coffee
cafeína (f) caffeine
cafetería (f) snackbar,
    cafeteria
calamares (mpl) squid
calavera (f) skull
calcetín (m) sock
calendario (m) calendar
caliente (adj) hot
calle (f) street
calor (m): hace ~ it's hot
cama (f) bed
cambiar (vb) to change
camino (m) path
camisa (f) shirt
camiseta (f) t-shirt
campanada (f) ring, peal
    of a bell
campeón (m); campeona (f)
    champion
campo (m) countryside
canción (f) song
cantante (m or f) singer
cantar (vb) to sing
cantina (f) canteen
cara (f) face, side; aspect
caracterización (f)
    characterisation
de los cardiacos (mpl) heart-
    stopping
cariño (m) affection, love
cariñoso (adj) affectionate
carne (f) meat
carnet (m) travel voucher,
    identity card
caro (adj) dear, expensive
carretera (f) (main) road
carta (f) letter
cartel (m) placard
cartón (m) cardboard
casa (f) house; ~ editorial
    publishing company
casco (m) crash helmet;
    central area
casi almost
castillo (m) castle
catálogo (m) catalogue
catedral (f) cathedral
católico (adj) Catholic
caza (f) hunting
cebolla (f) onion
celebro (vb: celebrar) I
    celebrate
célebre (adj) famous
cementerio (m) cemetery
cena (f) dinner, evening
    meal
cené (vb: cenar) I had
    dinner, evening meal
ceno (vb: cenar) I have
    dinner, evening meal
centro (m) centre

cerca (de) near (to)
cerdo (m) pork
cerrar (vb) to shut
chabola (f) hut, shanty
chalé (m) detached
    house, villa
chaleco (m) waistcoat
champán (m) champagne
chandal (m) tracksuit
chantaje (m) blackmail
chaqueta (f) jacket
chico (m), chica (f) boy,
    girl
me chifla... I'm mad about,
    really love...
chino (adj) Chinese
chorizo (m) spicy sausage
chubasco (m) heavy
    shower
churros (mpl) doughnuts
ciclismo (m) cycling
ciclista (m or f) cyclist
cielo (m) sky; ¡es un ~!
    he/she is great!
ciencia-ficción (f) science
    fiction
científico (adj) scientific
cigarrillo (m) cigarette
cine (m) cinema
cinta (f) (cassette/video)
    tape
circo (m) circus
ciruela (f) cherry
ciudad (f) city
ciudadano (m); ciudadana
    (f) citizen, person who
    lives in a city
¡claro! of course!
claro (adj) light, pale
    (Gr 7)
cliente (m or f) cllient,
    customer
clima (m) climate
climatización (f) air
    conditioning
cobaya (f) guinea pig
coche (m) car
cocina (f) kitchen
coger (vb) to take, catch
cogí (vb: coger) I took,
    caught
colgamos (vb: colgar) we
    hang up (Gr 19)
¿de qué color? (m) what colour?
comedia (f) comedy, play
comedor (m) dining room
comentario (m) comment
la zona comercial (f) shopping
    area
como (vb: comer) I eat,
    have lunch
comercio (m) business
comida (f) lunch, meal,
    food
cómico (adj) funny
como; ¿cómo? as, like;
    like what...? how?
cómodo (m) comfortable
compañero (m)
    compañera (f)
    companion, partner
compañía (f) company

competitivo (adj)
    competitive
comprar (vb) to buy
compré (vb comprar)
    I bought
compuesto (adj) de
    composed of
comunidad (f) community
con with
concierto (m) concert
concurso (m) competition
condiciones (fpl): en
    buenas/malas ~ in
    good/bad conditions;
    comer en ~ to eat a
    proper meal
conducir (vb) to drive
conejo (m) rabbit
confuso (adj) mixed up
conocer (vb) to get to
    know, meet
conocí (vb: conocer) I got
    to know
constante (adj) faithful
contaminación (f)
    pollution
contento (adj) happy
contestar (vb) to answer
contiene (vb: contener) it
    contains (Gr 15)
contigo with you
en contra de against
contraatacar (vb) to fight
    back
contrario (adj) opposite
convertir (vb) to turn into,
    convert
convivir (vb) to live
    together
copiar (vb) to copy
corbata (f) tie
coro (m) choir
correctamente (adv)
    correctly
corregir (vb) to correct
correo (m) post; ~
    electrónico e-mail
correr (vb) to run
corrida (f) de toros
    bullfight
corto (adj) short
cosa (f) thing
costa (f) coast
costumbre (f) custom
creer (vb) to believe, think
cristiano (adj) Christian
Cristo (m) Christ
cruasán (m) croissant
cruce (m) crossroads
¡cruce! (vb: cruzar) cross!
crueldad (f) cruelty
cuadro (m) grid, table,
    picture
cuando; ¿cuándo? when;
    when?
¿cuánto? how much?
cuarto (m) quarter; room
cuarto (adj) fourth
cucaracha (f) cockroach
cuenta (f) bill
cuéntame de (vb: contar)
    tell me about (Gr 19)

cuento (*m*) story
cuerpo (*m*) body
cuesta (*vb*: costar)
   it costs (*Gr 19*)
cueva (*f*) cave
¡cuidado! careful!
cuidar (*vb*) to take care of
cultura (*f*) culture
cumbre (*f*) top, summit
cumpleaños (*m*) birthday
curioso (*adj*) curious,
   inquisitive
cursillo (*m*) short course
en cursiva (*f*) in italics

D

dálmata (*adj*); (*m or f*)
   Dalmatian
dama (*f*) lady
dar (*vb*) to give
dátil (*m*) date
de of, from (*Gr 5*)
debajo (de) underneath
deber (*vb*) to have to
deberes (*mpl*) homework
deberíamos (*vb*: deber)
   we ought to
decepción (*f*)
   disappointment
decir (*vb*) to say, tell
   (*Gr 14*)
me defiendo (*vb*: defenderse)
   I cope, manage (*Gr 15*)
definición (*f*) meaning
delante (de) in front (of)
delantero (*m*) forward
los demás the rest, others
demasiado too
denso (*adj*) thick
dentro (de) inside
depende (*vb*: depender)
   (it) depends
dependiente (*m or f*) shop
   assistant
deporte (*m*) sport
deportista (*adj*) keen on
   sports, sporty
deportivo (*adj*) sports,
   sporty
depresión (*f*) depression,
   breakdown
a la derecha on the right
desarrollar (*vb*) to unfold,
   develop
desayunar (*vb*) to have
   breakfast
desayuno (*m*) breakfast
descansar (*vb*) to rest
descuento (*m*) discount,
   reduction
desde since, from
¿qué desea? (*vb*: desear) what
   would you like?
desempleo (*m*)
   unemployment
desencadenar (*vb*) to
   start, unleash
desierto (*m*) desert
desorganizado (*adj*)
   disorganised

despejado (*adj*) clear,
   cloudless
me despierto (*vb*:
   despertarse) I wake
   up (*Gr 21*)
despistado (*adj*) absent-
   minded
después (de) after
destino (*m*) destiny,
   destination
detalle (*m*) detail
detrás (de) behind
di (*vb*: dar) I gave (*Gr 30*)
di un paseo I went for a
   walk; ~ una vuelta I
   went for a stroll
diálogo (*m*) dialogue,
   discussion
día (*m*): 15 días a
   fortnight
diario (*adj*) daily
dibujar (*vb*) to draw,
   sketch
dibujo (*m*) drawing
diccionario (*m*) dictionary
dice (*vb*: decir) he/she/
   you/it says (*Gr 19*)
diente (*m*) tooth
difícil (*adj*) difficult
¡dígame! hello! how can I
   help?
dinero (*m*) money
directo (*adj*) direct
director (*m*) headmaster
dirigido (*adj*) directed
disco (*m*) record
discoteca (*f*) discoteque
diseñar (*vb*) to design,
   draw
disfraz (*m*) disguise
¡qué disgusto! how awful!
disminuir (*vb*) to diminish,
   reduce
distracción (*f*) pastime
diversión (*f*) entertainment
me divertí I had fun
divertido (*adj*) amusing,
   fun
divertirse (*vb*) to enjoy
   oneself
dividir (*vb*) to divide
me divierto (*vb*: divertirse) I
   enjoy myself (*Gr 21*)
doble (*adj*) double
animal doméstico (*m or f*) pet
dominó (*m*) dominoes
donde where; ¿dónde?
   where?
dorado (*adj*) golden
dormir (*vb*) to sleep
ducha (*f*) shower
me ducho (*vb*: ducharse) I
   have a shower (*Gr 21*)
me duele (*vb*: doler) it hurts
   me, is sore
duermo (*vb*: dormir) I
   sleep (*Gr 19*)
dulce (*m*) sweet
durante during
duro (*adj*) hard

E

e and (*Gr 35*)
económico (*adj*)
   economincal
edad (*f*) age
edificio (*m*) building
Edimburgo Edinburgh
editorial (*adj*) publishing
educativo (*adj*)
   educational
efecto (*m*): ~ s especiales
   special effects
egoísta (*adj*) selfish
por ejemplo (*m*) for example
ejercicio (*m*) exercise,
   practice
el the
él he (*Gr 12*)
electricidad (*f*) electricity
elegante (*adj*) smart,
   elegant
elegir (*vb*) to choose
ella she (*Gr 12*)
emocional (*adj*) emotional
emocionante (*adj*)
   exciting
emparejar (*vb*) to pair up
empleo (*m*) job
en in, on
enamorado (*adj*) in love
enamorarse (*vb*) to fall in
   love (*Gr 21*)
me encanta (*vb*: encantar) I
   love
encantador (*adj*)
   charming, delightful
encima de above, on top
   of
encontrar (*vb*) to meet; to
   find
encuesta (*f*) survey
enfadado (*adj*) angry,
   annoyed
enfrentamiento (*m*)
   confrontation
enfrente de opposite
¡enhorabuena!
   congratulations!
enjaulado (*adj*) caged
enorme (*adj*) huge,
   enormous
ensalada (*f*) salad
entonces then
entorno (*m*) environment
entre between
entremés (*m*) starter
entre semana midweek
entrevista (*f*) interview
enviar (*vb*) to send
equipo (*m*) team
equitación (*f*) horse-riding
era (*vb*: ser) was (*Gr 31*)
eres (*vb*: ser) you are
   (*Gr 17*)
error (*m*) mistake
es (*vb*: ser) he/she/it is
   (*Gr 17*)
escafandra (*f*) diving suit
escaparate (*m*) shop
   window
escena (*f*) scene, stage

escocés (*adj*) Scottish
escolar (*adj*) school
escondido (*adj*) hidden
escribí I wrote
escribir (*vb*) to write
escucho (*vb*: escuchar) I
   listen
eso that
espacio (*m*): ~ propio
   privacy
espagueti (*m*) spaghetti
español (*adj*) Spanish
especia (*f*) spice
especial (*adj*) special
especialidad (*f*) speciality
especie (*f*) sort, species
esperar (*vb*) to hope
esposo (*m*) husband;
   esposa (*f*) wife
esqueleto (*m*) skeleton
esquí (*m*) skiing
esta (*adj*) (*f*) this
estación (*f*) season;
   station
estadio (*m*) de fútbol
   football stadium
estadounidense American
estampado (*adj*)
   patterned
estar (*vb*) to be (*Gr 17*)
estatua (*f*) statue
este (*m*) this
estrella (*f*) star
estreno (*m*) première, first
   night
estrés (*m*) stress
estresado (*adj*) stressed
   out
estudiante (*m* or *f*)
   student
estudios (*mpl*) studies
estupendo (*adj*) great,
   wonderful
etiqueta (*f*) label
excursión (*f*) trip,
   excursion
éxito (*m*) success
exótico (*adj*) exotic
explicar (*vb*) to explain
explotado (*adj*) exploited
exposición (*f*) exhibition,
   display
extinción (*f*) extinction
en el extranjero (*m*) abroad
extraño (*adj*) strange, odd
extrovertido (*adj*)
   outgoing, extrovert

F

fácil (*adj*) easy
falda (*f*) skirt
fallecimiento (*m*) death
falso (*adj*) false
faltar (*vb*) to be missing
familia (*f*) family
familiar (*adj*) family
famoso (*adj*) famous
fantasma (*m*) ghost
farmacia (*f*) chemist's
fascinante (*adj*)
   fascinating
fatal (*adj*) awful, dreadful

a favor de in favour of
fecha (*f*) date
fenomenal (*adj*) great,
   terrific
feo (*adj*) ugly
feria (*f*) fair
ferry (*m*) ferryboat
fiesta (*f*) special occasion,
   party, feastday
fin (*m*): el ~ de semana
   at the weekend
al final (*m*) de; a fines de at
   the end of
financiero (*adj*) financial
físico (*adj*) physical
flan (*m*) caramel custard
flauta (*f*) flute
flojo (*adj*) loose, weak
de flores flowered
foca (*f*) seal
folleto (*m*) brochure
footing (*m*) jogging
foto (*f*) photo, fotografía
   (*f*) photograph
francés (*adj*) French
frase (*f*) sentence, phrase
fresa (*f*) strawberry
fresco (*adj*) cool, fresh
frío (*adj*): hace ~ it's cold
frito (*adj*) fried
fruta (*f*) fruit
fue (*vb*: ser) he/she/it was
   (*Gr 30*)
fuego (*m*) fire
fuente (*f*) fountain
si fuera if I/he/she/it were
fuerte (*adj*) heavy, strong
fui (*vb*: ir) I went (*Gr 30*)
fui (*vb*: ser) I was (*Gr 30*)
fumar (*vb*) to smoke
fútbol (*m*) football
futbolista (*m* or *f*)
   footballer

G

galería (*f*) gallery
galés (*adj*) Welsh
galleta (*f*) biscuit
gallo (*m*) cock
gama (*f*) range
gamba (*f*) prawn
ganar (*vb*) to earn
tener ganas (*fpl*) de to feel like
ganga (*f*) bargain
con gas (*m*) fizzy
gasolina (*f*) petrol
gastar (*vb*) to spend
gato (*m*); gata (*f*) cat
gazpacho (*m*) Andalusian
   cold tomato soup
generalmente generally
gente (*f*) people
gerbo (*m*) gerbil
gigante (*m*) giant
gigantesco (*adj*) huge,
   gigantic
gimnasia (*f*) gymnastics
gimnasio (*m*) gymnasium
globo (*m*) (hot-air) balloon
gobierno (*m*) government
gol (*m*) goal
gordo (*adj*) fat

gorra (*f*) beret, cap
grabar (*vb*) to record
grande (*adj*) big, large,
   tall
granizado (*m*) crushed ice
   drink
granja (*f*): huevos de ~
   battery eggs
gratuito (*adj*) free
grave (*adj*) serious
gris (*adj*) grey
grupo (*m*) group
guapo (*adj*) handsome,
   pretty
guayabera (*f*) lightweight
   jacket
guerra (*f*) war
guía (*m*) guide
guión (*m*) script
guisantes (*mpl*) peas
me gusta(n) (*vb*: gustar) I like
   (*Gr 23*)
me gustaría (*vb*: gustar) I
   would like (*Gr 32*)

H

ha (*vb*: haber) he/she has
   (*Gr 27*)
había (*vb*: haber) there
   was, there were
   (*Gr 31*)
habitante (*m* or *f*)
   inhabitant
hablar (*vb*) to speak
¿qué hacéis? (*vb*: hacer) what
   do you do, make?
   (*Gr 14*)
hacer (*vb*) to do, make
hago (*vb*: hacer) I do,
   make (*Gr 14*)
hamaca (*f*) hammock
hambre (*f*): tener ~ to be
   hungry
hamburguesa (*f*)
   hamburger
haría (*vb*: hacer) would
   do, make (*Gr 32*)
harina (*f*) flour
hasta until
hay: ¿~ en azul? have
   you got it/them in
   blue?
¡haz! (*vb*: hacer) do!
   make!
he (*vb*: haber) I have
   (*Gr 27*)
hecho (*m*) fact
helado (*m*) ice cream
hembra (*f*) female
hermano (*m*) brother;
   hermana (*f*) sister
hermoso (*adj*) pretty
hice (*vb*: hacer) windsurf
   I went windsurfing
   (*Gr 30*)
¿qué hiciste? what did you do?
hielo (*m*) ice
higo (*m*) fig
hijo (*m*) son; hija (*f*)
   daughter
hincha (*m* or *f*) fan,
   supporter

hindú (*adj*), (*m* or *f*) hindu
historia (*f*) history, story
histórico (*m*) historic
hoja (*f*) leaf, page
holgado (*m*) baggy
hombre (*m*) man
hora (*f*): ¿qué ~ es? what time is it?
horario (*m*) timetable
horrendo (*adj*) horrible, horrifying
horroroso (*adj*) horrible, horrifying
hoy today
hueco (*m*) gap
hueso (*m*) bone
huevo (*m*) egg
huevos (*mpl*) de casa free-range eggs; ~ de granja battery eggs
humo (*m*) smoke
humor (*m*) humour, mood
humorístico (*adj*) funny

I

ida y vuelta (*f*): un billete de ~ return ticket
¡ni idea! no idea!
ideal (*adj*) ideal
ídolo (*m*) idol, statue
iglesia (*f*) church
igual (*adj*: me da ~ I don't mind
¡qué ilusión! how nice!
imagen (*f*) image, picture
imaginario (*adj*) imaginary
imperdonable (*adj*) unforgiveable
imperio (*m*) empire
impresionante (*adj*) impressive
inaceptable (*adj*) unacceptable
incluir (*vb*) to include
incluso (*adj*) including
incómodo (*adj*) uncomfortable
incorporar (*vb*) to include
día de la Independencia (*f*) Independence day
industria (*f*) industry
infierno (*m*) hell
informática (*f*) IT
inglés (*adj*) English
ingrediente (*m*) ingredient
inhumano (*adj*) inhuman
inmediatamente immediately
inolvidable (*adj*) unforgettable
inquietante (*adj*) disturbing
instituto, insti (*m*) (secondary) school
intentar (*vb*) to try
intercambio (*m*) exchange
interés (*m*): ¿qué hay de ~? what is there of interest?
me interesa(n)... (*vb*: interesar) I'm interested in...

interesante (*adj*) interesting
Interurbano (*adj*) Intercity
íntimo (*adj*) private
inventar (*vb*) to make up, invent
invierno (*m*) winter
ir (*vb*) to go (Gr 16)
isla (*f*) island
italiano (*adj*) Italian
a la izquierda (*f*) on the left

J

jamón (*m*) ham
jardín (*m*) garden
jaula (*f*) cage
jersey (*m*) jumper
jota (*f*) dance from Aragón region
jóven (*adj*) young; (*m* or *f*) young person
joya (*f*) jewel
judío (*adj*) Jewish
juego (*m*) game
juego (*vb*: jugar) I play (Gr 19)
juez (*m*) judge
jugué (*vb*: jugar) I played
junto (*adj*) together
juvenil (*adj*): club ~ youth club

K

kilómetro (*m*) kilometre

L

la, las the (Gr 3)
laboral (*adj*) work-related
lado (*m*) side
lagartija (*f*) lizard
largo (*adj*) long
lasaña (*f*) lasagne
¡qué lástima! (*f*) what a pity!
laurel (*m*) bay (leaf)
lavabos (*mpl*) washroom
me lavo (*vb*: lavarse) I wash myself (Gr 21)
me lavo los dientes I brush my teeth (Gr21)
leche (*f*) milk
lechuga (*f*) lettuce
leer (*vb*) to read
legumbre (*f*) vegetable
lejos far; más ~ further
lengua (*f*) language, tongue
lento (*adj*) slow
letra (*f*) letter, handwriting
me levanto (*vb*: levantarse) I get up (Gr 21)
liberar (*vb*) to set free
libertad (*f*) freedom, liberty
libre (*adj*) free
libro (*m*) book
ligero (*adj*) light
lila (*f*) lilac
limpio (*adj*) clean
lirón (*m*) dormouse: dormir como un ~ to sleep like a log

liso (*adj*) plain
listo (*adj*) ready
llamado (*adj*) called
llamarse (*vb*) to be called (Gr 21)
llega (*vb*: llegar) he/she/it/ arrives
llegada (*f*) arrival
llevo (*vb*: llevar) I wear
me llevo bien con (*vb*: llevarse) I get on (with) (Gr 21)
llovizna (*f*) drizzle
llueve (*vb*: llover) it is raining (Gr 19)
lluvia (*f*) rain
Londres London
los (*mpl*) the (Gr 3)
lucha (*f*) fight, struggle
luchar (*vb*) to fight
lucharía (*vb*: luchar) I would fight
luego then
lugar (*m*) place
lujoso (*adj*) luxurious
de lunares spotted

M

macho (*adj*) male
madera (*f*) wood
madre (*f*) mother
madrugador (*m*), madrugadora (*f*) early riser
los Reyes Magos the three kings
Mahoma Mohammed
malo (*adj*) bad
malva (*f*) mauve
mamá (*f*) Mum
mañana (*f*): por la ~ in the morning
mandar (*vb*) to order
manera (*f*): ~ de vivir lifestyle
manga (*f*): de ~ larga/corta with long/short sleeves
sin mangas sleeveless
manteca (*f*) cooking fat
mantequilla (*f*) butter
manzana (*f*) apple
mapa (*m*) map
mar (*m* and *f*) sea
maravilloso (*adj*) marvellous, great
marea (*f*) high tide
me mareo (*vb*: marearse) I get travelsick (Gr 21)
mariachi (*m*) Mexican music
marido (*m*) husband
marino (*m*): azul ~ navy blue
mariscos (*mpl*) seafood
por vía marítimo by sea
marrón (*adj*) brown
masificado (*adj*) built-up, congested
más more
matar (*vb*) to kill
mayor (*adj*) bigger, older
mazapán (*m*) marzipan

me (to) me
media (f): las (tres) y ~
half past (three)
a medianoche (at) midnight
medias (fpl) tights
medio (m) type, medium
a mediodía (at) midday,
noon
mejicano, mexicano (adj)
Mexican
mejor (adj) better
melocotón (m) peach
menor (adj) smaller,
younger
menos less
mentira (f) lie, untruth
mercado (m) market
merienda (f) tea (meal),
snack, picnic
meriendo (vb: merendar)
I have tea, a snack,
a picnic (Gr 19)
mermelada (f) jam
mes (m) month
método (m) way, method
largo metraje (m) full-length
film
metro (m) underground
railway
mezquita (f) mosque
mi, mis my (Gr 9)
mí me
microbio (m) germ
miedo (m), tengo ~ de/a
I'm afraid of
miel (f) honey
miembro (m) member
en miniatura tiny, miniature
mínimo (adj) minimum
ministro (m), ministra (f)
minister
mirar (vb) to look at
misa (f) mass
miseria (f) poverty, misery
misión (f) mission
mismo (adj) same
misterioso (adj)
mysterious
mitad (f) half
moda (f) fashion
modelo (m) model
modista (f) dressmaker
modo (m); a mi ~ de ver
from my point of view
montaña (f) mountain
montamos… (vb: montar)
we put up, mount
monté (vb: montar) a
caballo I went
horse-riding
montón (m) pile, heap
monumento (m)
monument
morado (adj) purple
morder (vb) to bite
moto (f), motocicleta (f)
motorbike
mucho (adj) a lot (of),
much, many
muerte (f) death
muerto (adj) dead
mujer (f) woman

multitud (f) crowd, load
todo el mundo everybody
museo (m) museum
música (f) music
musulmán (m),
musulmana (f) Moslem
muy very

N

nacimiento (m) birth
nacional (adj) national
nada: no hay ~ mal en…
there's nothing wrong
with ..
nadé (vb: nadar) I swam
color de naranja (f) orange colour
naranjada (f) orange
squash
natación (f) swimming
como un nativo (m) like a native
naturaleza (f) nature
navego (vb: navegar): ~
por Internet I surf the
Net
el día de Navidad (f) Christmas
Day
Navidades (fpl) Christmas
season
neblina (f) mist
necesario (adj) necessary
necesitar (vb) to need
negocios (mpl) business
en negrita (f) in bold
negro (adj) black
neoyorquino (adj) of New
York
ni… ni… neither… nor…
hay niebla (f) it's foggy
nieto (m) grandson;
nieta (f) granddaughter
nieva (vb: nevar) it is
snowing (Gr 19)
nieve (f) snow
ninguno (adj) no…
niño (m) boy; niña (f) girl
nivel (m) level
noche (f) night
Nochebuena (f) Christmas
Eve
Nochevieja (f)
New Year's Eve
nombre (m) name
noreste (m) northeast
normalmente normally
noroeste (m) northwest
norte (m) north
norteamericano (adj)
North American
nos (to) us
nosotros we (Gr 12)
nota (f) mark, note
novio (m) boyfriend;
novia (f) girlfriend
nube (f) cloud
nublado (adj) cloudy
nuez (f) nut, walnut
nuestro (adj) our
nuevo (adj) new
número (m) number
nunca never

O

o or (Gr 35)
objeto (m) object
obligatorio (adj)
compulsory
obra (f) work
odio (vb: odiar) I hate
oeste (m) west
oferta (f) offer
oficina (f) office
ofrecer (vb) to offer
olvidarse (vb): me olvido
de cosas I forget
things
onduloso (adj) slithery
¿qué opinas? (vb: opinar) what
do you think?, what's
your opinion?
opuesto (adj) opposite
orden (m) order
ordenador (m) computer
organizar (vb): me
organizo mal I'm
badly organised
origen (m) origin
os (to) you
oscuro (adj) dark
oso (m) bear
otoño (m) autumn
otro (adj) other, another
oveja (f) sheep
OVNI (m) UFO
¡oye! listen!

P

paciente (adj) patient
pacífico (adj) peaceful,
harmless
padre (m) father;
padres (mpl) parents
paellera (f) pan for
cooking paella
pagar (vb) to pay
página (f) page
paisaje (m) landscape
país (m) country
pájaro (m) bird
palabra (f) word
palo (m): insecto ~ stick
insect
pan (m) bread
pandilla (f) group of
friends
pantalla (f) screen
pantalón (m) pair of
trousers
papagayo (m) parrot
papá (m) Dad
para for
parar (vb) to stop
me parece (vb: parecer) I
think
parecer (vb): a mí ~ it
seems to me
parecido (adj) alike
pareja (f) partner
parque (m): ~ de
atracciones theme
park
párrafo (m) paragraph
parte (f) part

participar (*vb*) to join in, take part

pasado (*adj*) last; (*m*) the past

pasar (*vb*) to spend (time)

lo pasé bien/bomba/fatal (*vb: pasar*) I had a good/great/horrible time

paseo (*m*) ir de ~ to go for a walk

pastas (*fpl*) pasta

pastel (*m*) cake

pastor (*m*) shepherd

pata (*f*) animal's leg or foot

patatas fritas (*fpl*) crisps; chips

patio (*m*) playground, courtyard

pavo (*m*) turkey

pedazo (*m*) piece

película (*f*) film

en peligro (*m*) in danger

peligroso (*adj*) dangerous

pelo (*m*) hair

pelota (*f*) ball

¡qué pena! (*f*) what a pity!

pensar (*vb*) to think

pensionista (*m or f*) pensioner

peor (*adj*) worse; worst

pequeño (*adj*) small

pera (*f*) pear

perdido (*adj*) lost

pero but

perro (*m*) dog

persona (*f*) person

personaje (*m*) character

pesado (*adj*) dull, annoying

pesca (*f*) fishing

pescado (*m*) fish (dead)

peso (*m*) Mexican money

pesquero (*adj*) fishing

pez (*m*) fish (alive)

picante (*adj*) spicy

a pie on foot

piel (*f*): chaqueta de pieles fur jacket

pienso (*vb: pensar*) I think (*Gr 19*)

pierna (*f*) leg

piloto (*m*) pilot

pimiento (*m*) red or green pepper

pino (*m*) pine tree

pintar (*vb*) to paint

piragüismo (*m*) canoeing

Pirineos (*m*) Pyrenees

piscina (*f*) swimming pool

piso (*m*) flat

pista (*f*) track

en plan turístico as a tourist

plátano (*m*) banana

plato (*m*) dish, plate

playa (*f*) beach

plaza (*f*): ~ de toros bullring

plumífero (*m*) padded jacket

población (*f*) population, town

pobre (*adj*) poor

un poco a little

poco (*adj*) a few

poder (*vb*) to be able (*Gr 19*)

poema (*m*) poem

policía (*f*) police

policíaco (*adj*) detective, police

polideportivo (*m*) sports centre

político (*adj*) political

pollo (*m*) chicken

polvorón (*m*) crumbly biscuits

poner (*vb*) to put, set, lay

pongo (*vb: poner*) I put (*Gr 14*)

me pongo (*vb: ponerse*) I put on, wear (*Gr 14, 21*)

por for; by, along, through

¿por qué? why?; porque because

portador (*m*) carrier

postal (*f*) postcard

postre (*m*) dessert

potente (*adj*) powerful

practico (*vb: practicar*) I do, go, practise

practiqué (*vb: practicar*) la vela I went sailing

precio (*m*) price

precioso (*adj*) lovely

precisamente exactly

preferido (*adj*) favourite

prefiriría (*vb: preferir*) I/he/she would prefer (*Gr 19, 32*)

prefiero (*vb: preferir*) I prefer (*Gr 19*)

pregunta (*f*) question

prejuicio (*m*) prejudice

prenda (*f*) garment, item of clothing

prender (*vb*) to seize, to arrest

prensa (*f*) press

preocupado (*adj*) worried

primavera (*f*) spring

primero (*adj*) first

principal (*adj*) principal

principio (*m*) beginning

probado (*adj*) en tested on

probar (*vb*): ¿se puede ~? can I try it on? (*Gr 19*)

procesión (*f*) procession

producir (*vb*) to produce

profe (*m or f*) teacher

prohibir (*vb*) to ban, prohibit

pronto (*adj*) soon

pronunciar (*vb*) to pronounce

propio (*adj*): espacio ~ own space, privacy

proteger (*vb*) to protect

próximo (*adj*) next, near

proyecto (*m*) project

¡prueba! (*vb: probar*) try!, try on!, taste! (*Gr 19*)

publicitario (*adj*) advertising

pudín (*m*) pudding

pueblo (*m*) village, small town

puedo (*vb: poder*) I can (*Gr 19*)

puente (*m*) bridge

puerto (*m*) port

pues well..., ...er, then

pulpo (*m*) octopus

Q

que that, which;¿qué? who, what?

me quedo (*vb: quedarse*) I stay, remain (*Gr 21*)

me quedé (*vb: quedarse*) I stayed (*Gr 29*)

queja (*f*) complaint

querer (*vb*) to want, to love

querría (*vb: querer*) I would love (*Gr 32*)

queso (*m*) cheese

¿quién? who?

quiero (*vb: querer*) I want, love (*Gr 19*)

quinto fifth

quisiera I would like

quitar (*vb*) to take off, remove, leave

quizás perhaps

R

rápido (*adj*): comida ~ fast food

raqueta (*f*) racket

raro (*adj*) unusual

ratón (*m*) mouse

de rayas (*f*) striped

razón (*f*): tener ~ to be right

reaccionar (*vb*) to react

realidad (*f*) reality

receta (*f*) recipe

recibir (*vb*) to receive

reciclar (*vb*) to recycle

recreativo (*adj*) entertainment

todo recto (*adj*) straight on

recuerdo (*m*) memory, souvenir

redondo (*adj*) round

reducir (*vb*) to reduce, lessen

refrescante (*adj*) refreshing

refresco (*m*) cool drink

refugio (*m*) shelter

regalo (*m*) present

región (*f*) region, area

regular (*adj*) all right, so-so

reina (*f*) queen

relajado (*adj*) relaxed

me relajo (*vb: relajarse*) I relax (*Gr 21*)

religioso (*adj*) religious

rellenar (*vb*) to fill in
Renfe Spanish rail system
repartir (*vb*) to share out
repasar (*vb*) to go over, revise
repaso (*m*) revision
de repente suddenly
reportaje (*m*) article
reportero (*m*), reportera (*f*) reporter
resolver (*vb*) to solve (*Gr 19*)
responsable (*m or f*) person in charge
respuesta (*f*) answer
resto (*m*) rest
resultado (*m*) result
resumen (*m*) summary
retraso (*m*) delay
revelación (*f*) revelation, eye-opener
revista (*f*) magazine
rey (*m*) king
los Reyes 6th January
rico (*adj*) delicious; rich
rimar (*vb*) to rhyme
riquísimo (*adj*) delicious
ritmo (*m*) rhythm
robar (*vb*) to steal
robo (*m*) robbery
rojo (*adj*) red
romántico (*adj*) romantic
romper (*vb*) to break
ropa (*f*) clothes
rosa (*f*) pink, rose-coloured
roscón (*m*) ring-shaped cake
rotonda (*f*) roundabout
ruido (*m*) noise
ruidoso (*adj*) noisy
ruina (*f*) ruin
rutina (*f*) routine

S

saber (*vb*) to know
sacar (*vb*) to take (out)
sal (*f*) salt
salgo (*vb*: salir) I go out (*Gr 14*)
salí (*vb*: salir) I went out
salida (*f*) exit
sales (*vb*: salir) you go out, leave (*Gr 14*)
salsa (*f*) sauce
salvaje (*adj*) wild
sandalia (*f*) sandal
sanidad (*f*) sanitation, health
sano (*adj*): comida ~ healthy food
santo (*m*), santa (*f*); el día de mi ~ my saint's day
saqué fotos (*vb*: sacar) I took photos (*Gr 30*)
sardina (*f*) sardine
sé (*vb*: saber) I know (*Gr 14*)
sección (*f*) section
seco (*adj*) dry
secreto (*m*) secret

secuestrar (*vb*) to kidnap
secuestro (*m*) kidnapping
sede (*f*) headquarters, seat; ~ de gobierno seat of government
en seguida at once
seguir (*vb*) to carry on; to follow
segundo (*adj*) second
según according to
semáforos (*mpl*) traffic lights
semana (*f*): entre ~ during the week
señalar (*vb*) to point out
sencillo (*adj*) easy
senderismo (*m*) rambling
sentarse (*vb*) to sit down
sentido (*m*) meaning
sentir (*vb*) to feel
separado (*adj*) separated
ser (*vb*) to be (*Gr 17*)
serpiente (*f*) snake
sexo (*m*) sex, gender
si if
sí yes
siempre always
lo siento (*vb*: sentir) I'm sorry (*Gr 19*)
sierra (*f*) mountain range
¡siga! (*vb*: seguir) carry on!
silla (*f*) chair
símbolo (*m*) symbol
simpático (*adj*) kind, friendly
simplemente simply
sin without
sino but (negative)
síntoma (*m*) symptom
situado (*adj*) situated
sobrar (*vb*) to be left over
sobre on; over; about
sobrevivir (*vb*) to survive
sociable (*adj*) friendly, sociable
socorrer (*vb*) to help
hace sol it's sunny; ¡es un ~! he/she is great!
solamente: no ~ ... sino también... not only... but also...
soler (*vb*) to be in the habit of (*Gr 19*)
sólido (*adj*) firm
solitario (*adj*) lonely
solo (*adj*) alone
sólo only
solución (*f*) answer, solution
solucionar (*vb*) to solve
sombrero (*m*) hat
somos (*vb*: ser) we are (*Gr 17*)
son (*vb*: ser): ~ mil pesetas (*Gr 17*): it costs 1000 pesetas
sonido (*m*) sound
sopa (*f*) soup
sorpresa (*f*) surprise
soy (*vb*: ser) I am (*Gr 17*)
su, sus his/hers/its/your (*Gr 9*)

¡suba! (*vb*: subir) go up!
subrayado (*adj*) underlined
sucio (*adj*) dirty
suelo (*vb*: soler) I usually... (*Gr 19*)
sueño (*m*) dream
¡buena suerte! (*f*) good luck!
suficiente (*adj*) enough
sufrir (*vb*) to suffer
sugerir (*vb*) to suggest
suplemento (*m*) extra charge, supplement
sur (*m*) south
sustantivo (*m*) noun
sustituir (*vb*) to put instead of, substitute
¡qué susto! what a fright!

T

tacón (*m*) heel
táctica (*f*) strategy
¿qué tal? how are you?, how is it?
talento (*m*) talent
Talgo (*m*) fast Spanish train
talla (*f*): ¿qué ~ usa? size: what size do you take?
también too, also, as well
tanto (*adj*) as much, so much
taquilla (*f*) ticket office
taquillero (*m*) ticket seller
tardar (*vb*) to take (a long) time
tarde (*adj*) late; (*f*): por la ~ in the afternoon
tarjeta (*f*) postal postcard
de tartán tartan
taxista (*m or f*) taxi driver
te (to) you (*Gr 24*)
té (*m*) tea
teatro (*m*) theatre
tebeo (*m*) comic
tecnología (*f*) technology
tele, televisión (*f*) television
teleguía (*f*) TV guide
telescopio (*m*) telescope
templo (*m*) temple
temprano (*adj*) early
tener (*vb*) to have (*Gr 15*)
tengo (*vb*: tener) I have (*Gr 15*)
tenista (*m or f*) tennis player
tercero (*adj*) third
terminar (*vb*) to finish
terraza (*f*) terrace
por vía terrestre by land
terrible (*adj*) terrible
terror (*m*): película de ~ horror film
terrorista (*m or f*) terrorist
testigo (*m*) witness
ti (to) you
tiempo (*m*) time; weather: hace buen/mal ~ the weather is fine/bad
tienda (*f*) shop

tiene (*vb*: tener): ¡aquí ~!
here you are! (*Gr 15*)
tío (*m*) uncle; tía (*f*) aunt
tipo (*m*) sort, type
título (*m*) caption
toco la guitarra (*vb*: tocar)
I play the guitar
todo (*adj*):¿es ~? is
that everything?
¡toma! (*vb*: tomar) take!
tomate (*m*) tomato
tomé (*vb*: tomar) el sol I
sunbathed
tomo (*vb*: tomar) I have, I
take
hay tormentas (*fpl*) it is
stormy
torre (*f*) tower
tortilla (*f*) omelette
tortuga (*f*) tortoise
tostada (*f*) slice of toast
totalmente totally
tóxico (*adj*) poisonous
trabajar (*vb*) to work
trabajo (*m*) work
traer (*vb*) to bring (*Gr 14*)
tráfico (*m*) traffic, trade
tragedia (*f*) tragedy
traje (*m*) costume, suit
tranquilo (*adj*) gentle,
slow
trasnochador (*m*),
trasnochadora (*f*) night
owl
se trata de ...(*vb*: tratarse)
it's about...
tren (*m*) train
triste (*adj*) sad
trozo; trocito (*m*) piece;
little piece
tu, tus your (*Gr 9*)
tú you (*Gr 12*)
¡tuerza! (form.) (*vb*: torcer)
turn! (*Gr 19*)
tumba (*f*) tomb
turismo (*m*) tourism
turista (*m or f*) tourist
turístico (*adj*) touristy
turrón (*m*) nougat
tuyo (*adj*) yours

U

u or (*Gr 35*)
Ud, Uds you (*Gr 12*)
último (*adj*) last
ultramoderno (*adj*)
ultramodern
un (*m*), una (*f*) a, an (*Gr 1*)
único (*adj*) only
uniforme (*m*) uniform
unión (*f*) union
unir (*vb*) to join
urgencias (*fpl*) casualty
usar (*vb*) to use
utilizar (*vb*) to use
uva (*f*) grape

V

va (*vb*: ir) he/she/it goes
(*Gr 16*); ¡qué ~! no
way

en las vacaciones (*fpl*) in the
holidays
vagabundo (*adj*) vagrant
¡vale! OK, fine, all right
vampiro (*m*) vampire
vaqueros (*mpl*) jeans
variedad (*f*) variety
varios (*adj*) various
¿vas? (*vb*: ir) do you go?
vaso (*m*) glass
ve (*vb*: ver) he/she/it
sees, watches; ¡vete
con viento fresco!
good riddance!
vecino (*m*), vecina (*f*)
neighbour
vegetación (*f*) vegetation
vela (*f*) sailing
venenoso (*adj*) poisonous
venir (*vb*) to come (*Gr 15*)
veo (*vb*: ver) I see, watch
ver (*vb*) to see
verano (*m*) summer
verdad (*f*) truth
verdadero (*adj*) true
verde (*adj*) green; (*m*)
green countryside
versión (*f*) version
vespino (*m*) scooter
vestido (*m*) dress
vez (*f*): de ~ en cuando
from time to time
vi (*vb*: ver) I saw (*Gr 30*)
viajar (*vb*) to travel
viaje (*m*) journey
vida (*f*) life
viejo (*adj*) old
hace viento (*m*) it's windy
vino (*m*) wine
visité (*vb*: visitar) I visited
(*Gr 29*)
visto seen (*Gr 28*)
me visto (*vb*: vestirse) I get
dressed (*Gr 21*)
vivir (*vb*) to live
vivo (*adj*) bright, lively,
living
volante (*m*) frill
voleibol (*m*) volleyball
vosotros you (*Gr 12*)
voy (*vb*: ir) I go (*Gr 16*);
me voy (*vb*: irse) I am
going (*Gr 21*)
vuelo (*m*) flight
vuelvo (*vb*: volver) I come
back, return (*Gr 19*)
vuestro (*adj*) your

Y

y and (*Gr 35*)
ya already
yema (*f*) egg yolk; sweet
made of sugar and
egg yolk
yo I (*Gr 12*)
yogur (*m*) yogurt

Z

zanahoria (*f*) carrot
zapatilla (*f*) de deporte
trainer

zapato (*m*) shoe
zapping (*m*): practicar el ~
to switch between TV
channels
zona (*f*): ~ comercial
shopping centre
zumo (*m*) juice

Vocabulario inglés–español

Key to symbols: (*m*) masculine; (*f*) feminine; (*mpl*) masculine plural; (*fpl*) feminine plural; (*vb*) verb; (*adj*) adjective; (*fam*) familiar (*form*) formal; (*Gr*) see grammar section; ~ repeated word

A

a, an un (*m*) una (*f*)
it's about se trata de…
  (*vb*: tratarse) (*Gr 21*)
above arriba
abroad en el extranjero
  (*m*)
absent-minded
  despistado (*adj*)
according to según
addicted to adicto (*adj*) a
adolescent adolescente
  (*adj*)
adventure aventura (*f*)
aeroplane avión (*m*)
it affects me me afecta
  (*vb*: afectar)
I'm afraid of tengo miedo
  de/a
after después (de)
against (en) contra (de)
age edad (*f*)
agreed, OK de acuerdo;
  vale
by air por vía aérea (*adj*)
alike parecido (*adj*)
all, every todo (*adj*)
is that all, everything? ¿es todo?
all right regular (*adj*)
almost casi
alone solo (*adj*)
along por
already ya
also también
although aunque
always siempre
I am soy (*vb*: ser); estoy
  (*vb*: estar) (*Gr 17*)
American
  estadounidense,
  americano (*adj*)
amusing divertido (*adj*)
ancient antiguo (*adj*)
and y, e (*Gr 35*)
angry, annoyed
  enfadado (*adj*)
another otro (*adj*)
apple manzana (*f*)
you are eres (*vb*: ser); estás
  (*vb*: estar)
they are son (*vb*: ser); están
  (*vb*: estar)
area zona (*f*)
arrival llegada (*f*)
he/she/it arrives llega (*vb*: llegar)
as, like como
as, so much tan (*adj*),
  tanto
I ate comí
athletics atletismo (*m*)
atmosphere ambiente (*m*)
attack atentado (*m*),
  ataque (*m*)
aunt tía (*f*)

autumn : in the ~ (*m*): en
  otoño
avenue avenida (*f*)
awful, dreadful fatal (*adj*)
how awful! ¡qué disgusto!,
  ¡qué barbaridad!

B

bad malo (*adj*)
baggy holgado (*adj*)
balloon globo (*m*)
(foot) ball balón (*m*)
(tennis) ball pelota (*f*)
to ban prohibir (*vb*)
banana plátano (*m*)
basketball baloncesto (*m*)
bath baño (*m*)
battery eggs huevos de
  granja
to be ser (*vb*); estar (*vb*)
  (*Gr 17*)
beach playa (*f*)
because porque
I go to bed me acuesto (*vb*:
  acostarse) (*Gr 21*)
before antes (de)
(at the) beginning (al) principio
  (*m*)
behind detrás (de)
I believe creo (*vb*:
  creer)
below abajo
best wishes abrazos (*mpl*)
better mejor (*adj*)
between entre
bicycle bicicleta (*f*)
big grande (*adj*)
bigger mayor (*adj*)
bike: go for a ~ ride ir
  de paseo en bici
bill cuenta (*f*)
billiards billar (*m*)
bird pájaro (*m*)
birthday cumpleaños (*m*)
biscuit galleta (*f*)
black negro (*adj*)
blue azul (*adj*)
boat barco (*m*)
book libro (*m*)
boot bota (*f*)
I'm bored me aburro (*vb*:
  aburrirse)
I was bored me aburrí (*vb*:
  aburrirse) (*Gr 21*)
boring aburrido (*adj*)
I bought compré (*vb*:
  comprar) (*Gr 29*)
to boycott boicotear (*vb*)
boyfriend novio (*m*)
bread pan (*m*)
to break romper (*vb*)
breakfast desayuno (*m*)
I have breakfast desayuno
  (*vb*: desayunar)

bridge puente (*m*)
bright vivo (*adj*)
to bring traer (*vb*) (*Gr 14*)
British británico (*adj*)
brochure folleto (*m*)
brother hermano (*m*)
brown marrón (*adj*)
I brush my teeth me lavo
  los dientes
  (*vb*: lavarse)(*Gr 21*)
building edificio (*m*)
bullfight corrida (*f*) de
  toros
bus autobús (*m*)
business comercio (*m*),
  negocios (*mpl*)
busy, lively animado (*adj*)
butter mantequilla (*f*)
but pero; sino (*Gr 36*)
I buy compro
  (*vb*: comprar)
by por

C

caged enjaulado (*adj*)
cake pastel (*m*),
  bizcocho (*m*)
I am called me llamo
  (*vb*: llamarse) (*Gr 21*)
called llamado (*adj*)
I can puedo (*vb*: poder)
  (*Gr 19*)
canoeing piragüismo (*m*)
canteen cantina (*f*)
cap gorra (*f*)
car coche (*m*);
  automóvil (*m*)
careful! ¡cuidado!
carrot zanahoria (*f*)
carry on! ¡siga! (*vb*: seguir)
  (*Gr 19*)
cartoon dibujo animado
  (*m*)
cassette cinta (*f*)
cat gato (*m*), gata (*f*)
cathedral catedral (*f*)
Catholic católico (*adj*)
I caught tomé (*vb*: tomar);
  cogí (*vb*: coger)
I celebrate celebro
  (*vb*: celebrar)
central area casco (*m*)
centre centro (*m*)
cereal cereales (*mpl*)
champagne champán (*m*)
to change cambiar (*vb*)
charming encantador (*adj*)
cheap barato (*adj*);
  económico (*adj*)
cheese queso (*m*)
chemist's farmacia (*f*)
chess ajedrez (*m*)
chicken pollo (*m*)
chips patatas fritas (*fpl*)

to choose elegir (*vb*)
Christian cristiano (*adj*)
Christmas Eve
   Nochebuena (*f*)
Christmas Day día (*m*)
   de Navidad (*f*)
Christmas season
   Navidades (*fpl*)
Christmas tree pino de
   Navidad (*m*)
church iglesia (*f*)
cinema cine (*m*)
circus circo (*m*)
city ciudad (*f*)
clean limpio (*adj*)
clear, cloudless (sky)
   despejado (*adj*)
client cliente (*m or f*)
climate clima (*m*)
climbing alpinismo (*m*)
clothes ropa (*f*)
cloud nube (*f*)
cloudy nublado (*adj*)
coach autocar (*m*)
coast costa (*f*)
coffee café (*m*)
cold: it's ~ hace frío
I come back, return
   vuelvo (*vb:* volver)
   (*Gr 19*)
comedy play comedia (*f*)
he/she/it comes viene (*vb:* venir)
   (*Gr 15*)
comfortable cómodo (*adj*)
comic tebeo (*m*)
companion compañero
   (*m*), compañera (*f*)
company compañía (*f*)
compulsory obligatorio
   (*adj*)
computer ordenador (*m*)
concert concierto (*m*)
good/bad conditions buenas/malas
   condiciones (*fpl*)
congratulations!
   ¡enhorabuena!
it contains contiene
   (*vb:* contener) (*Gr 15*)
cool fresco (*adj*)
I cope, manage me
   defiendo (*vb:*
   defenderse) (*Gr 21*)
it costs cuesta (*vb:* costar)
   (*Gr 19*)
costume traje (*m*)
country país (*m*)
countryside campo (*m*)
crafts artesanía (*f*)
crash helmet casco (*m*)
crib belén (*m*)
crisps patatas
   fritas (*fpl*)
croissant cruasán (*m*)
crossroads cruce (*m*)
cross! ¡cruce! (*form*)
   ¡cruza! (*fam*)
   (*vb:* cruzar)
culture cultura (*f*)
curious curioso (*adj*)
custom costumbre (*m*)
customer cliente (*m or f*)
cycling ciclismo (*m*)

D

Dad papá (*m*)
daily diario (*adj*)
to dance bailar (*vb*)
dance baile (*m*)
I danced bailé (*vb:* bailar)
dangerous peligroso (*adj*)
dark oscuro (*adj*)
date (calendar) fecha (*f*)
daughter hija (*f*)
day día (*m*)
dear (expensive) caro
   (*adj*)
death muerte (*f*)
delicious rico (*adj*),
   delicioso (*adj*)
department store
   grandes almacenes
   (*mpl*)
it depends depende
   (*vb:* depender)
dessert postre (*m*)
detached house chalé (*m*)
dictionary diccionario (*m*)
difficult difícil (*adj*)
dining-room comedor (*m*)
dinner (evening meal)
   cena (*f*)
I have dinner ceno (*vb:* cenar)
   (*Gr 13*)
I had dinner cené (*vb:* cenar)
   (*Gr 29*)
dirty sucio (*adj*)
discotheque discoteca (*f*)
dish plato (*m*)
display exposición (*f*)
district barrio (*m*)
dog perro (*m*), perra (*f*)
doughnuts churros (*mpl*)
I do hago (*vb:* hacer)
   (*Gr 14*)
I would do, make haría
   (*vb:* hacer)
do ¡haz! (*fam.*)
downstairs abajo
I drank bebí (*vb:* beber)
drawing dibujo (*m*)
dress vestido (*m*)
I get dressed me visto
   (*vb:* vestirse) (*Gr 21*)
I drink bebo (*vb:* beber)
   (*Gr 13*)
to drive conducir (*vb*)
it's drizzling hay llovizna (*f*)
drums batería (*f*)
dry seco (*adj*)
during durante

E

each cada
early temprano (*adj*)
early riser madrugador
   (*m*), madrugadora (*f*)
to earn ganar (*vb*)
easy fácil (*adj*),
   sencillo (*adj*)
I eat como (*vb:* comer)
egg huevo (*m*)
end fin (*m*)
at the end of al final de, a fines
   de

English inglés (*adj*)
I enjoy myself me divierto
   (*vb:* divertirse)
   (*Gr 19, 21*)
enough bastante;
   suficiente (*adj*)
entertainment
   diversión (*f*)
evening meal cena (*f*)
everyone todo el mundo
for example por ejemplo (*m*)
exciting emocionante
   (*adj*)
exercise ejercicio (*m*)
exit salida (*f*)
expensive caro (*adj*)
to explain explicar (*vb*)
extrovert extrovertido
   (*adj*)

F

face cara (*f*)
family familia (*f*)
famous célebre (*adj*);
   famoso (*adj*)
far lejos
farming agricultura (*f*)
fast: ~ food comida
   rápida
fat gordo (*adj*)
father padre (*m*)
favourite preferido (*adj*)
to feel sentir (*vb*) (*Gr 19*)
to feel like tener ganas (*fpl*)
   de
ferry ferry (*m*)
few poco (*adj*)
fig higo (*m*)
film película (*f*)
first primero (*adj*)
fish (live) pez (*m*); fish
   (dead) pescado (*m*)
fishing pesca (*f*)
fizzy con gas (*m*)
flared acampanado (*adj*)
flat piso (*m*)
flowered de flores
flute flauta (*f*)
it's foggy hay niebla (*f*)
food comida (*f*);
   alimento (*m*)
on foot a pie
football fútbol (*m*)
football stadium estadio
   (*m*) de fútbol
footballer futbolista
   (*m or f*)
for por, para
I forget things me olvido
   de cosas
   (*vb:* olvidarse)
fortnight quince días
free gratuito (*adj*);
   libre (*adj*)
free-range eggs huevos
   (*mpl*) de casa
French francés (*adj*)
fresh fresco (*adj*)
fried frito (*adj*)
friend amigo (*m*),
   amiga (*f*)

friendly, sociable sociable (adj)
friendship amistad (f)
from de, desde
fruit fruta (f)
fun divertido (adj)
fur jacket chaqueta (f) de pieles
further más lejos

G

game juego (m)
garden jardín (m)
garment, item of clothing prenda (f)
I gave di (vb: dar)
gerbil gerbo (m)
I get bored me aburro (vb: aburrirse) (Gr 21)
I get on with me llevo bien con (vb: llevarse) (Gr 21)
I get travelsick me mareo (vb: marearse) (Gr 21)
I get up me levanto (vb: levantarse) (Gr 21)
ghost fantasma (m); ~ film película (f) de fantasmas
girlfriend novia (f)
to give dar (vb)
he/she/it goes va (vb: ir) (Gr 16)
good bueno (adj)
good luck buena suerte (f)
I go, am going voy (vb: ir) (Gr 16); I'm going off me voy (vb: irse)
go down!, get off! (form.) ¡baje! (vb: bajar)
I go out salgo (vb: salir) (Gr 14)
go up! ¡suba! (form.) (vb: subir)
I got to know conocí (vb. conocer)
grape uva (f)
great! ¡fenomenal!, ¡estupendo! (adj)
green verde (adj)
grey gris (adj)
group of friends pandilla (f)
guide guía (m or f)
guinea-pig cobaya (f)
guitar guitarra (f)
gymnastics gimnasia (f)

H

I am in the habit of suelo (vb: soler) (Gr 19)
half mitad (f)
half past (three) las (tres) y media
hamburger hamburguesa (f)
ham jamón (m)
hamster hámster (m)
handsome guapo (adj)
I am happy me alegro (vb: alegrarse) (Gr 21)
happy contento (adj)
hard duro (adj)
hat sombrero (m)

I hate odio (vb: odiar)
I have tengo (vb: tener) (Gr 15)
he él (Gr 12)
healthy: ~ food comida sana (adj)
heavy fuerte (adj)
heavy shower chubasco (m)
heel tacón (m)
height altura (f)
hello, how can I help? dígame
to help ayudar (vb)
her su, sus (Gr 9)
here: ~ you are! ¡aquí tiene! (form.)
high alto (adj)
to hire alquilar (vb)
his su, sus (Gr 9)
history historia (f)
holidays vacaciones (fpl)
homework deberes (mpl)
honey miel (f)
horrible horrendo horrible (adj)
horrifying horroroso (adj)
horror film película (f) de terror
horse-riding equitación (f)
horse caballo (m)
hot caliente (adj)
it's hot hace calor
house casa (f)
hovercraft aerodeslizador (m)
how? ¿cómo?
how are you?, how is it? ¿qué tal ?
how much? ¿cuánto?
huge enorme (adj); gigantesco (adj)
hunger hambre (f)
to be hungry tener (vb) hambre
husband marido (m)

I

ice cream helado (m)
ice hielo (m)
if si
in en
in danger en peligro (m)
in favour of a favor de
in front of delante de
Independence day día de la Independencia (f)
inside dentro (de)
Intercity Interurbano (adj)
I'm interested in... me interesa(n)... (vb: interesar)
interesting interesante (adj)
interest: what is there of ~? ¿qué hay de interés?
interview entrevista (f)
he/she/it is es (vb: ser); está (vb: estar)
island isla (f)
IT informática (f)
Italian italiano (adj)

J

jacket chaqueta (f)
jam mermelada (f)
jeans vaqueros (mpl)
Jewish judío (adj)
jogging footing (m)
journey viaje (m)
juice zumo (m)
jumper jersey (m)
junk (food) (comida) basura (f)

K

kind, friendly simpático (adj)
to know, be aquainted with conocer (vb)
I know sé (vb: saber) (Gr 14)

L

by land por vía terrestre
last último (adj)
late tarde (adj)
to lay poner (vb)
he/she/it leaves sale (vb: salir) (Gr 14)
on the left a la izquierda (f)
leg pierna (f)
leggings leggings (mpl)
less menos
letter carta (f); (alphabet) letra (f)
lettuce lechuga (f)
light ligero (adj)
like, as como
I like me gusta(n) (vb: gustar) (Gr 23)
I'd like me gustaría (vb: gustar); quisiera; what would you like? ¿qué desea? (vb: desear)
lilac color de lila (f)
I listen escucho (vb: escuchar)
a little un poco
to live vivir (vb)
lively vivo (adj)
living room salón (m)
lizard lagartija (f)
lonely solitario (adj), aislado (adj), solo (adj)
long largo (adj)
to look at mirar (vb)
I'm looking for busco (vb: buscar)
lost perdido (adj)
a lot of mucho (adj)
love (from) besos (mpl)
to fall in love enamorarse (vb) (Gr 21)
I love me encanta(n) (vb: encantar); me chifla(n) (vb: chiflar)
I would love querría (vb: querer) (Gr 32)
to love, like querer (vb)
lovely precioso (adj)
lunch comida (f)
I have lunch como (vb: comer)

M

I'm mad about me chifla(n)...
magazine revista (*f*)
to make hacer (*vb*) (*Gr 14*)
many mucho (*adj*)
map mapa (*m*)
market mercado (*m*)
marvellous maravilloso,
    estupendo (*adj*)
mass misa (*f*)
mauve malva (*f*)
meal comida (*f*)
meat carne (*f*)
to meet encontrar (*vb*)
    (*Gr 21*)
member miembro (*m*)
Mexican mejicano (*adj*),
    mexicano (*adj*)
at midday, noon
    a mediodía
at midnight a medianoche
midweek entre semana
milk leche (*f*)
I don't mind me da igal
misery miseria (*f*)
it's misty hay neblina (*f*)
money dinero (*m*)
month mes (*m*)
mood humor (*m*)
more más
morning: in the ~ por la
    mañana
mosque mezquita (*f*)
mother madre (*f*)
motorbike moto (*f*),
    motocicleta (*f*)
mountain montaña (*f*),
    sierra (*f*)
mouse ratón (*m*)
much mucho (*adj*)
Mum mamá (*f*)
museum museo (*m*)
music música (*f*)
my mi, mis (*Gr 9*)

N

national nacional (*adj*)
navy marino (*m*); ~ blue
    azul marino
near to cerca de
to need necesitar (*vb*)
neither... nor... ni... ni...
never nunca
new nuevo (*adj*)
New Year's Eve
    Nochevieja (*f*)
next próximo (*adj*)
how nice! ¡qué ilusión!,
    ¡qué bien!
night noche (*f*)
night owl trasnochador
    (*m*), trasnochadora (*f*)
no idea ni idea
noise ruido (*m*)
noisy ruidoso (*adj*)
north norte (*m*)
North American
    norteamericano (*adj*)
northeast noreste (*m*)
northwest noroeste (*m*)
nothing nada: there's ~

wrong with no hay
    nada de malo en...
now ahora
number número (*m*)

O

of de
of course! ¡claro!
oil aceite (*m*)
OK! ¡vale!, ¡de acuerdo!
old viejo (*adj*)
older mayor (*adj*)
olive aceituna (*f*), ~ oil
    aceite (*m*) de olivo
omelette tortilla (*f*)
on en, sobre
onion cebolla (*f*)
only solamente, sólo
only único (*adj*); not ~...
    but also... no
    solamente... sino
    también...
at once en seguida
open abierto (*adj*)
opposite contrario (*adj*);
    enfrente de
or o, u (*Gr 35*)
orange (fruit) naranja
orange (colour) color de
    naranja (*f*)
I'm badly organised me organizo
    mal
other otro (*adj*)
we ought to deberíamos
    (*vb*: deber)
our nuestro (*adj*)
outgoing extrovertido
    (*adj*)
over sobre
own propio
own space espacio
    propio (*m*)

P

pace of life ritmo (*m*) de
    vida
page página (*f*)
pale (colour) claro (*adj*)
park: theme ~ parque de
    atracciones
parrot papagayo (*m*)
partner pareja (*f*)
patterned estampado
    (*adj*)
to pay pagar (*vb*)
peach melocotón (*m*)
pear pera (*f*)
peas guisantes (*mpl*)
people gente (*f*)
perhaps quizás
pet animal (*m*)
    doméstico
petrol gasolina (*f*)
photo foto (*f*),
    photograph
    fotografía (*f*)
piece trozo (*m*),
    pedazo (*m*)
pink rosa (*f*)
place lugar (*m*)
plain liso (*adj*)

I play (football) juego al
    (fútbol) (*vb*: jugar)
I play (the guitar) toco (la
    guitarra) (*vb*: tocar)
do you play...? ¿juegas...?
    (*vb*: jugar); ¿tocas...?
    (*vb*: tocar)
I played jugué (*vb*: jugar)
    (*Gr 30*)
plot argumento (*m*)
from my point of view a mi modo
    de ver
poisonous tóxico (*adj*),
    venenoso
police policía (*f*)
pollution contaminación (*f*)
poor pobre (*adj*)
pork cerdo (*m*)
port puerto (*m*)
postcard (tarjeta)
    postal (*f*)
poverty miseria (*f*)
prawn gamba (*f*)
I prefer prefiero (*vb*:
    preferir) (*Gr 19*)
I would prefer preferiría (*vb*:
    preferir) (*Gr 32*)
present regalo (*m*)
pretty bonito (*adj*),
    guapo (*adj*)
price precio (*m*)
privacy espacio propio
    (*m*)
private íntimo (*adj*)
to protect proteger (*vb*)
pudding pudín (*m*)
puppy cachorro (*m*)
purple morado (*adj*)
I put pongo (*vb*:
    poner) (*Gr 14*)
to put poner (*vb*)
I put on, wear me pongo
    (*vb*: ponerse) (*Gr 14*,
    21)
we put (set) up, mount
    montamos, (*vb*: montar)

Q

quarter cuarto (*m*)
quiet tranquilo (*adj*)
quite bastante

R

rabbit conejo (*m*)
it is raining llueve (*vb*: llover)
    (*Gr 19*)
rambling senderismo (*m*)
range gama (*f*)
to read leer (*vb*)
I read leí (*vb*: leer)
ready listo (*adj*)
red rojo (*adj*)
region región (*f*)
I relax me relajo (*vb*:
    relajarse) (*Gr 21*)
relaxed relajado (*adj*)
religious religioso (*adj*)
I remember me acuerdo
    (*vb*: acordarse) (*Gr 21*)
to rest descansar (*vb*)

the rest los demás
return vuelta (f): ~ ticket
billete de ida y
vuelta (m)
rice arroz (m)
I'm right tengo razón (vb:
tener) (Gr 15)
on the right a la derecha
main road carretera (f)
bread roll bollo (m)
romantic romántico (adj)
roundabout rotonda (f)
routine rutina (f)
rubbish basura (f); junk
food comida basura (f)
to run correr (vb)

S
sad triste (adj)
sailing vela (f)
saint santo (m), santa (f)
my saint's day el día de mi
santo (m), santa (f)
salad ensalada (f)
salt sal (f)
same mismo (adj);
igual (adj)
sandal sandalia (f)
sandwich bocadillo (m)
sardine sardina (f)
sauce salsa (f)
I saw vi (vb: ver) (Gr 30)
to say decir (vb)
he/she/it says dice (vb: decir)
(Gr 19)
science fiction
ciencia ficción (f)
scooter vespino (m),
motocicleta (f)
Scots, Scottish escocés
(adj)
screen pantalla (f)
sea mar (f)
by sea por vía marítimo
second segundo (adj)
secondary school
instituto, insti (m)
to see ver (vb)
it seems to me a mi
parecer
selfish egoísta (adj)
to send enviar (vb)
to set (the table) poner (vb)
(la mesa)
to set free liberar (vb)
she ella (Gr 12)
shirt camisa (f)
shoe zapato (m)
shop tienda (f)
shop assistant
dependiente (m or f)
shopping area zona
comercial (f)
short corto (adj)
shower ducha (f)
I have a shower me ducho (vb:
ducharse) (Gr 21)
since desde
to sing cantar (vb)
singer cantante (m or f)
sister hermana (f)

to sit down sentarse (vb)
(Gr 21)
situated situado (adj)
what size do you take?
¿qué talla usa?
skiing esquí (m)
skirt falda (f)
sky cielo (m)
I sleep duermo (vb: dormir)
(Gr 19)
to sleep like a log dormir
como un lirón
sleeve: with long/short
sleeves de manga
larga/corta
sleeveless sin mangas
slow lento (adj)
small pequeño (adj)
smart elegante (adj)
to smoke fumar (vb)
smoke humo (m)
snack merienda (f)
snake serpiente (f)
snow nieve (f)
it is snowing nieva (vb: nevar)
(Gr 19)
so tan
sock calcetín (m)
some alguno (adj)
someone alguien
something algo: ~ else?
¿algo más?
soon pronto (adj)
I'm sorry lo siento (vb: sentir)
(Gr 19)
soup sopa (f)
south sur (m)
southwest suroeste (m)
Spanish español (adj)
to speak hablar (vb)
to spend (money) gastar
(vb); (time) pasar (vb)
spicy picante (adj)
sport deporte (m)
sports centre
polideportivo (m)
sporty deportivo (adj),
deportista (adj)
spotted de lunares
in the spring en primavera (f)
square plaza (f)
starter entremés (m)
I can't stand no aguanto...
(vb: aguantar)
I stayed me quedé (vb:
quedarse) (Gr 21)
I stay me quedo (vb:
quedarse) (Gr 21)
steak bistec (m)
stick insect insecto (m)
palo
it is stormy hay tormentas
(fpl)
story cuento (m)
straight on todo recto
(adj)
strange extraño (adj)
street calle (f)
stress estrés (m)
stressed out estresado
(adj)
striped de rayas
strong fuerte (adj)

suburbs afueras (fpl)
suddenly de repente
sugar azúcar (m)
suit traje (m)
in the summer en verano (m)
to sunbathe tomar el sol
it's sunny hace sol
I surf the Net navego por
Internet (vb: navegar)
surprise sorpresa (f)
I swam nadé (vb: nadar)
sweet dulce (m)
to swim nadar, bañarse,
practicar la natación
swimming natación (f)
swimming-pool piscina (f)

T
I take tomo (vb: tomar)
take! ¡toma! (fam) (vb:
tomar) ¡coge! (fam.)
(vb: coger)
to take off quitar (vb)
to take out sacar (vb)
to take photos sacar fotos
tall alto (adj)
tartan de tartán
team equipo (m)
tea (meal) merienda (f)
I have tea meriendo (vb:
merendar)
tea té (m)
teenager adolescente
(m or f)
television televisión
(tele) (f)
to tell decir (vb)
temple templo (m)
tennis player tenista
(m or f)
terrace terraza (f)
tested on probado (adj)
en
that que
the el (m), la (f), los (mpl),
las (fpl) (Gr 3)
theatre teatro (m)
then entonces, luego
there allí
there is/are hay
thing cosa (f)
I think pienso (vb: pensar)
(Gr 19); creo (vb:
creer); have an opinion
me parece (vb:
parecer); what do you
think? ¿qué opinas?
(vb: opinar)
third tercero (adj)
this este (adj)
through por
ticket billete (m)
ticket office taquilla (f)
ticket seller taquillero (m)
I tidy myself up me
arreglo (vb: arreglarse)
(Gr 21)
tie corbata (f)
tight ajustado (adj)
tights medias (fpl)
time: from ~ to ~ de vez
en cuando

time to have a good/
   great/horrible~
   pasarlo bien/ bomba/
   fatal (*vb:* pasar)
timetable horario (*m*)
to a, al (*Gr 6*)
today hoy
together junto (*adj*)
too también; too
   demasiado
I took (photos) saqué (*vb:*
   sacar) fotos
tooth diente (*m*)
on top of encima de
tortoise tortuga (*f*)
tourism turismo (*m*)
tourist turista (*m or f*)
as a tourist en plan túristico
town ciudad (*f*)
town hall ayuntamiento
   (*m*)
track pista (*f*)
track suit chandal (*m*)
trade tráfico (*m*)
traffic tráfico (*m*); ~ lights
   semáforos (*mpl*)
trainers zapatillas (*fpl*) de
   deporte
train tren (*m*)
to travel viajar (*vb*)
trekking senderismo (*m*)
trip excursión (*f*)
trousers pantalón (*m*)
truth verdad (*f*)
try: can I ~ it on? ¿se
   puede probar?
try! ¡prueba! (*fam*) (*vb:*
   probar)
t-shirt camiseta (*f*)
turkey pavo (*m*)
turn! ¡tuerza! (*form.*) (*vb:*
   torcer) (*Gr 19*)
TV guide teleguía (*f*)

U

UFO OVNI (*m*)
ugly feo (*adj*)
uncomfortable incómodo
   (*adj*)
underground railway
   metro (*m*)
underneath bajo; debajo
   (de)
unemployment
   desempleo (*m*)
uniform uniforme (*m*)
until hasta
unusual raro (*adj*)
to use usar (*vb*), utilizar (*vb*)

V

very muy
video tape cinta (*f*) de
   vídeo
village, small town
   pueblo (*m*)
to visit visitar (*vb*)
volleyball voleibol (*m*)

W

I wake up me despierto
   (*vb:* despertarse)
   (*Gr 19, 21*)
walk: to go for a ~ ir de
   paseo
I want quiero (*vb*
   querer)
war guerra (*f*)
I was fui (*vb:* ser) (*Gr 30*);
   estuve (*vb:* estar)
he she/it was fue (*vb:* ser) (*Gr 30*)
   estuvo (*vb:* estar)
I wash myself me lavo (*vb:*
   lavarse) (*Gr 21*)
water agua (*f*)
he/she/it watches ve (*vb:* ver)
way manera (*f*); método
   (*m*); modo (*m*)
we nosotros (*Gr 12*)
I wear llevo (*vb:* llevar)
weather tiempo (*m*)
week; during the ~ entre
   semana
at the weekend el fin de
   semana
Welsh gales (*adj*)
he/she/it went fue (*vb:* ir) (*Gr 30*)
I went fui (*vb:* ir) (*Gr 30*)
I went for a walk di un
   paseo (*vb:* dar)
I went out salí (*vb:* salir)
I went riding monté a
   caballo (*vb:* montar)
I went sailing practiqué la
   vela (*vb:* practicar)
I went windsurfing hice
   (*vb:* hacer) windsurf
west oeste (*m*)
what? ¿que?
what a pity! ¡qué lástima!,
   ¡qué pena!
when cuando; when?
   ¿cuándo?
where to? ¿adónde?
where donde; where?
   ¿dónde?
white blanco (*adj*)
which que; which?
   ¿qué?
who? ¿quién?
why? ¿por qué?
wine vino (*m*)
in the winter en invierno (*m*)
with con
without sin
to work trabajar (*vb*)
work trabajo (*m*)
worried preocupado (*adj*)
worse, worst peor (*adj*)
to write escribir (*vb*)
I wrote escribí (*vb:* escribir)

Y

yellow amarillo (*adj*)
yes sí
yogurt yogur (*m*)
you tú, vosotros, Ud, Uds
   (*Gr 12*)

young, young person
   joven (*adj*); (*m or f*)
youth: ~ club
   club juvenil
your tu, tus